Marion Kiesewetter

Das trinkt man an der Waterkant

Hamburg · Nordsee · Ostsee

mit Fotos von Rudolf Alert

Verlag Boyens & Co.

Norddeutsche Klassiker

Hamburger Teepunsch
Lütt un Lütt
Alsterwasser
Johannisbeer-Bowle
Tote Tante
Geele Köm-Teepunsch
Eierbier
Dithmarscher Eierkaffee
Helgoländer Feuer
Eiergrog
Eisbrecher
Teufelsblut
Storm-Bowle
Pharisäer

Norddeutsche Klassiker

Fliederbeer-Grog
Hoppelpoppel
Pulswärmer
Sylter Rosen-Bowle
Rum-Grog
Kalte Ente
Angler Muck
Holsteiner Pferdekuss
Aufgesetzte aller Art
Dreifuß
Cardinal
Heißer Bischof
Möwenschiet
Leuchtfeuer

Vorwort

Groß ist die Vielfalt der Getränke, die im Land zwischen den Meeren getrunken werden. Viele von der traditionellen Sorte sind mit einer Stadt oder einer Region verbunden. Das brachte uns auf die Idee, einige Getränkereisen an den Küsten von Nord- und Ostsee zu verschiedenen Jahreszeiten zu unternehmen. Dabei fanden wir nicht nur viele alte und neuere Getränke, auch die Schönheit unserer Landschaft, die Menschen mit Ihren Passionen und Hobbies, Traditionen und Geschichten

inspirierten uns. Und so wurde aus unserer ursprünglichen Getränke-Buch-Idee eine Liebeserklärung an unseren wunderschönen Norden.

Außer den Getränke-Fotos entstanden unterwegs gleichsam nebenbei Bilder von den Menschen und Landschaften an der Waterkant sowie von vielen Sehenswürdigkeiten unserer schönen Heimat. Man ist immer wieder überrascht, wieviel Kunst und Kultur Schleswig-Holstein zu bieten hat: Konzerte, Musikfestivals, Theater, Turniere, Ausstellungen und eine Fülle von historischen und kulinarischen Veranstaltungen. Vieles findet sich in unserem Getränkebuch wieder, denn wir erlebten ganz deutlich, Trinken macht so richtig Spaß in Gesellschaft zu besonderen Anlässen, in einem schönen Ambiente oder in freier Natur, am Strand, auf der Veranda eines Lokals oder im Garten zu Hause.

Wo Menschen zusammenkommen zu Veranstaltungen, an Ausflugszielen oder auf privaten Parties, wird der Event mit einem dazu passenden Getränk gekrönt. Wie man das an der Waterkant macht, das erleben Sie in diesem Buch.

Dänemark

Sylt

Flensburg

Föhr

Amrum

Langeneß

Pellworm

Nordstrand

Schlesw

Husum

Witzwort

Tönning

St. Peter-Ording

Re

Nordsee

Helgoland

Heide

Büsum

Albersdorf

Ost

Meldorf

Nord.

Brunsbüttel

Sommerreise

Cuxhaven

Elbe

Winterreise

Wischhafen

Bremerhaven

Stade

*Genuss
mit Schuss,*

*auch
alkoholfrei*

HAMBURG

![Hamburger Feuerschiff im City-Sporthafen bei Nacht]

HAMBURGER FEUERSCHIFF IM CITY-SPORTHAFEN

Der Kapitän Wulf Hoffmann erfüllte sich seinen Traum. Nach einem Leben auf hoher See kaufte er sich ein englisches Feuerschiff, schleppte es in den Hamburger City-Sporthafen und baute es zu einem Restaurant mit Konzertraum um. Nachdem es den Seefahrern jahrzehntelang den rechten Weg gewiesen hatte, bietet nun das knallrote Feuerschiff vieles für Gaumen und Ohren seiner Besucher. Im ehemaligen Maschinenraum mit seinem Technikflair finden regelmäßig Jazz-Live-Konzerte und die verschiedenartigsten Kleinkunst-Veranstaltungen statt. Ein typisches Hamburger Getränk wird hier natürlich auch serviert: Das „ALSTERWASSER".

Alsterwasser

Alsterwasser darf in einem norddeutschen Getränkebuch nicht fehlen. Es ist denkbar einfach zuzubereiten, denn man gießt Weiße Brause – wie der Hamburger sagt – und Bier zu gleichen Teilen zusammen – fertig!
Eisgekühlt … ein herrlicher Durstlöscher!

HAMBURG

Jazz-Live-Konzert im Maschinenraum

Kiddy's Jam-Session

Saftmix, alkoholfrei
1 Person

4 cl Pfirsichnektar
250 ml Sauerkirschsaft
4 TL Zitronensaft
24 TK-Himbeeren

Die Säfte gut miteinander vermischen. Himbeeren unaufgetaut in Gläser geben und mit dem Saftgemisch auffüllen.

JAM-SESSION

Die Jazzmetropole Hamburg hat viele Lokale, in denen man diese Musik erleben kann. Im Bauch des Feuerschiffes spielen regelmäßig Hamburger Jazzbands verschiedener Stilrichtungen. Montags ist Jam-Session. Da kann in eine zusammengewürfelte Band jeder „einsteigen" und seine Soli zum Besten geben – in welcher Stilart auch immer. Das ist ein tolles Erlebnis für das Publikum und ein Kick für die Musiker. Wie bei einer Jam – einer englischen Vielfruchtmarmelade – wird alles Mögliche zusammengemischt. Das macht auch Kindern Spaß, besonders wenn sie ihren Drink selbst mixen dürfen wie „Kiddy's Jam-Session", den Hamburger Kinder bei einem Wettbewerb kreiert haben.

„KLEIN"-KUNST Kinder malen das Feuerschiff

„Lütt un Lütt"

Korn und Bier

Jeder Norddeutsche kennt diese Getränke-kombination, und dafür braucht man kein Rezept. Spaß macht die besondere Zeremonie. Man fasst das Bierglas (am Besten 0,1 l) mit Daumen und Zeigefinger und klemmt das Kornglas (2 cl) zwischen Zeige- und Mittelfinger. Beim Trinken sollte dann der Korn in das Bier laufen.
Wenn das gelingt, entsteht immer ein großes Hallo in fröhlicher Runde.

Wirt Gerd Schlufter

HAIFISCHBAR

„In der Haifischbar ist heut Krawall", sang man jahrelang in einer beliebten norddeutschen Fernsehsendung. Die echte „Haifischbar" liegt direkt am Fischmarkt, Große Elbstraße 128. Die Wände und Decken sind dekoriert mit exotischen Mitbringseln, Schiffsmodellen, Netzen, präparierten Fischen und ausgestopften Vögeln. Hier trinkt man das Hamburger Originalgetränk „LÜTT UN LÜTT", Korn und Bier – aber nicht nacheinander, sondern gleichzeitig! Und zur späten Stunde wird hier reichlich Seemannsgarn gesponnen.
Der Hamburger Sänger und Humorist Hein Köllisch (1857–1901), bekannt durch seine plattdeutschen Lieder „Pingsttour" und „Reis no Helgoland", widmete dem Getränk sogar ein Lied:

In Hamborg gifft dat,
wie man weet,
verschiedene Getränk.
Am besten ward man
dat gewohr,
steiht man mol
an so'n Schenk.
De een drinkt Schweizer,
de Anis,
de Beittern, de Likör!
Doch Hamborg's
Nationalgetränk,
dat is een „Köm un Beer"!

TEE- UND KRÄUTERHAUS MAYER

Die richtige Teesorte kann man sich im „Tee- und Kräuterhaus Mayer" in der Langen Reihe 70 in St. Georg aussuchen. Hier findet man sozusagen die ganze Welt auf 500 Metern. Alle klassischen Teesorten werden hier in 100 Jahre alten großen Teedosen gelagert.
Allein die Düfte in diesem traditionellen Geschäft verzaubern und animieren zu einem echten HAMBURGER TEEPUNSCH.

Hamburger Teepunsch

4 Personen

2 Fl Weißwein
250 ml Arrak
750 ml schwarzer Tee
250 g Zucker
1 Zitrone

Die Schale der Zitrone abreiben und den Saft auspressen. Alle Zutaten in einen Topf geben, erhitzen, aber nicht kochen. Ständig umrühren, damit sich der Zucker auflöst. Punsch in einen Behälter mit Schöpfkelle gießen und heiß servieren.

SPEICHERSTADT

Nicht weit von der Hamburger City, im Freihafengebiet, liegt die berühmte „Speicherstadt" mit ihren charakteristischen neugotischen Bauten. Eine „Stadt in der Stadt". Hier sorgt man dafür, dass wertvolle, empfindliche Waren von den Schiffen in die Speicher gelangen und fachgerecht gelagert werden. Herrlich ist es, zwischen den Fleeten und Speichern entlang zu bummeln, Firmenschilder mit den exotischsten Namen zu entdecken und an Teppich-, Gewürz-, Kaffee- und Teespeichern vorbei zu schlendern. Tee aus Indien, Indonesien, Sri Lanka, China und vielen anderen Ländern ist ein wichtiges Umschlagsgut. Er wird hier gelagert, gemischt und zum Teil auch aromatisiert. Aber auch den ansässigen Museen, wie dem „Gewürzmuseum" mit seinen vielfältigen exotischen Düften, sollte man einen Besuch abstatten. Gastfreundlichkeit wird hier groß geschrieben, und es kann passieren, dass man zu einem Getränk eingeladen wird. Und danach verlockt das „Dungeon-Aktions-Theater" zu einem Besuch, in dem das Publikum in die Handlung einbezogen wird – ein ganz neues Theatergefühl!

GLÜCKSTADT

Katrin Ewald und Peter Wirsing

Die zweite Stadt auf unserer Getränkereise ist das zauberhafte Glückstadt an der Elbe. Es wurde 1617 vom dänischen König Christian IV. gegründet. Das Gasthaus „Der kleine Heinrich", Am Markt 2, gehört zu den ältesten Häusern der Stadt aus der Gründungszeit. Benannt wurde es nach dem Vollschiff „Der kleine Heinrich", dem Schmuckstück der Glückstädter Wal- und Robbenfangflotte. Aus der Chronik geht hervor, dass ab Ende des 17. Jahrhunderts mehrfach Gastwirte die Besitzer des Hauses waren. Dieses wertvolle Baudenkmal konnte nach vielen Umbauten am 2. Februar 1988 in fast ursprünglicher Form seiner neuen Bestimmung übergeben werden. Es beherbergt wieder ein sehr liebevoll eingerichtetes Gasthaus mit wunderschönen Kachelbildern von dem Glückstädter Maler Peter Wirsing. Im Sommer wie im Winter lädt es zu einem von der Wirtin Katrin Ewald kreierten kalten oder heißen APPELHEINRICH ein.

Handgemalte Kogge am Restaurant-Eingang

Hafen von Glückstadt

GLÜCKSTADT

Heißer Appelheinrich

1 Person

4 cl Altländer Apfelbrand (oder Calvados)
Naturtrüber Apfelsaft
1 Apfelscheibe (Elstar)
$^1/_2$ Orangenscheibe
Zucker und Zimt

Dicker Zucker- und Zimtrand: Zucker und Zimt in einer kleinen Schüssel miteinander vermischen. Den Rand von einem Grogglas fingerbreit mit einer halben Zitrone anfeuchten und anschließend in die Zimtmischung drücken. Apfelbrand ins Glas geben und mit heißem naturtrüben Apfelsaft auffüllen.
Mit einer Apfel- und einer halben Orangenscheibe dekorieren.

Heißer Appelheinrich

APFELSCHNAPS/CALVADOS
Der Apfelschnaps Calvados galt immer als französische Spezialität. Der Altländer Apfelbrand „Herbstprinz" kann aber durchaus mithalten; pur oder als Gemisch, einfach klasse!

Kalter Appelheinrich

1 Person

4 cl Altländer Apfelbrand (oder Calvados)
0,1 l klare Apfelschorle
2 Würfel gefrorener, klarer Apfelsaft
1 Apfelscheibe (Elstar)
Zitronenmelisse
Zucker und Zimt

Zucker- und Zimtrand: Zucker und Zimt auf einem flachen Teller miteinander vermischen. Den Rand von einem Longdrinkglas mit einer Zitronenecke einreiben und das Glas in die Zimtmischung drücken.
Alle Zutaten ins Glas geben und mit einer Apfelscheibe und Zitronenmelisse dekorieren.

Kalter Appelheinrich

BRUNSBÜTTEL

Lotsen-Koks

1 Person

1 Glas Rum (40 Vol.-%)
2 Stück Würfelzucker
1 Kaffeebohne

Rum in ein Schnapsglas geben. Zwei Würfelzucker hinein und darauf eine Kaffeebohne. Alles zusammen trinken, durchkauen und hinunterschlucken.
Ein altes, traditionelles norddeutsches Getränk.

BRUNSBÜTTEL

Unsere nächste Station ist Brunsbüttel, wohl den meisten bekannt als Schleusenstadt am Nord-Ostsee-Kanal. Er verbindet die beiden Meere, zwischen denen Schleswig-Holstein liegt, und gilt als die meist befahrene künstliche Wasserstraße der Welt. Freunde der „Traumschiffe" kommen hier auf ihre Kosten, denn von den Aussichtsplattformen an den Schleusen hat man einen guten Überblick über die gigantischen Anlagen. Gemütliche Wirtshäuser am Kanal laden herzlich ein, und man kann das Passieren der großen Pötte beim typischen Küstengetränk MÖWENSCHIET genießen.

Möwenschiet

Möwenschiet

1 Person

2 cl Korn (38 Vol.-%)
1 Scheibe Salami
1 Tupfer Senf oder
Meerrettich

Korn eisgekühlt in ein Kornglas geben. Salamischeibe als Deckel auf das Glas legen. Darauf einen Tupfer Senf. Erst die Salamischeibe mit dem Senf durchkauen und mit dem Korn zusammen hinunterspülen.

Inseltraum

Frucht-Brandy mit Vanilleeis
1 Person

2 cl Aprikot Brandy
2 cl Bananenlikör
2 cl Rum (54 Vol.-%)
Orangensaft
2 Kugeln Vanilleeis
Schuss Grenadine

Aprikot Brandy, Bananenlikör und Rum miteinander verrühren. Mit Orangensaft auffüllen. Eiskugeln dazugeben und vor dem Servieren mit einem Schuss Grenadine übergießen.

MELDORF

Auf unserer Getränkereise geht's weiter nach Meldorf. Diese Stadt strahlt einen ureigenen Charme aus mit ihren alten Gassen rund um den „Dom", wie man die St.-Johannis-Kirche nennt. Er ist nicht nur der Mittelpunkt der kirchlichen Gemeinde, sondern auch inzwischen Veranstaltungsort großer klassischer Konzerte, unter anderem des Schleswig-Holstein Musik-Festivals. Viele Weltstars traten hier schon auf.

Fast eine Tradition ist es, vor einem Konzert in das weit über Dithmarschens Grenzen hinaus bekannte alte „Dom-Café" zu gehen und einen DITHMARSCHER EIERKAFFEE nach dem Original-Rezept von Frauke Sattler zu trinken. Namhafte Maler stellen hier ihre Werke aus.

Dithmarscher Eierkaffee

Nach Art des Hauses

12 Personen

8 l Wasser
500 g Kaffee
3 Eier
$\frac{1}{2}$ l Wasser

8 Liter Wasser zum Kochen bringen. In der Zwischenzeit den Kaffee mit 3 Eiern und einem halben Liter kaltem Wasser zu einem Brei verrühren. Das kochende Wasser von der Flamme nehmen. Der Brei wird nun vorsichtig in das Wasser gegeben und verrührt. Das Ganze muss nun ca. 15 Minuten leicht köcheln. Danach wird der Topf zum Ruhen ca. 20 Minuten von der Flamme genommen. In dieser Zeit setzt sich das Kaffeemehl auf dem Boden des Topfes ab. Falls dieses nicht eintritt, muss die Flüssigkeit nochmals umgerührt werden. Die 8 Liter Flüssigkeit nun durch ein fest gewebtes Baumwolltuch filtern. Dazu wird das Tuch in ein Sieb gelegt und auf den Rand eines großen leeren Topfes gehängt. Den fertigen Kaffee heiß halten, aber nicht kochen.

DER VORTEIL DIESER KAFFEEZUBEREITUNG:
Es können größere Mengen Kaffee über einen längeren Zeitraum heiß gehalten werden, ohne dass der Kaffee bitter wird. Die Bitterstoffe des Kaffees sind durch das Ei gebunden.

Skippers Drink

Eiskakao, alkoholfrei
4 Personen

500 ml Milch
2 EL Zucker
1 EL Kakaopulver
4 Kugeln Vanilleeis
250 ml Schlagsahne

Aus der Milch, dem Zucker und Kakaopulver einen Kakao kochen. Erkalten lassen. Vanilleeis in vier hohe Gläser füllen. Mit dem gut gekühlten Kakao aufgießen. Geschlagene Sahnehäubchen daraufsetzen. Mit Kakaopulver bestäuben. Mit Strohhalm servieren.

Kälteschock

Eiskaffee mit Haube
4 Personen

70 g fein gemahlener Kaffee
750 ml Wasser
60 g Zucker
1 Stck. Orangenschale
2 cl Orangenlikör
125 ml Schlagsahne
2 TL Zucker
4 Kugeln Vanilleeis
Prise Instantkaffee

Kaffee brühen, Zucker hinzufügen und erkalten lassen. Orangenschale und -likör hinzufügen. Sahne mit 2 TL Zucker steif schlagen. Eiskugeln auf vier Gläser verteilen. Mit dem Kaffee auffüllen und die Sahnehaube daraufsetzen. Mit Instantkaffee bestäuben und mit Strohhalm servieren.

Kieler Kaffeetante

Kaffee-Sahne-Drink
4 Personen

2 EL Instantkaffee
2 EL Instantkakao
1 Pk Vanillezucker
1 EL Zucker
1 EL Honig
2 EL Kaffeelikör
500 ml Milch
500 ml Schlagsahne
Krokant

Kaffee, Kakao, Vanillezucker, Honig, Likör und Milch in eine Rührschüssel geben. Sahne halbsteif schlagen. Die Hälfte der Sahne zu den Zutaten in die Rührschüssel geben und alles verquirlen. Restliche Sahne ganz steif schlagen und in einen Spritzbeutel füllen. Drink in Gläser füllen, Sahne daraufsetzen und mit etwas Krokant verzieren.

KAFFEE

Vor etwa 250 Jahren wurde der Kaffee in Schleswig-Holstein populär. Nach dem Tod Friedrichs des Großen, der den Kaffee wegen der enormen Devisenverluste bekämpfte, hielt der Kaffee einen waren Siegeszug durch unser Land. Führend im Kaffeekonsum sollen die Dithmarscher Bauersfrauen gewesen sein, die versuchten, den Geschmack immer mehr zu verbessern. Dabei kam bekanntlich der berühmte „Dithmarscher Eierkaffee" heraus.

KAKAO

Bald nach dem Kaffeeboom kam der Kakao in Schleswig-Holstein groß in Mode. Angenehm war die wohltuende Wirkung auf den Magen, und der Geschmack, der sich mit allerlei Süßem gut vertrug.
Es entstanden einige typische Schleswig-Holsteinische Kakaogetränke. Das bekannteste ist die „Tote Tante", von dem man aber wissen muss, dass es regional bedingt auch „Zöllner" oder „Schriftgelehrter" heißt.

Gemischter Vierer mit …

Buttermilch-Flip mit Schuss
4 Personen

1 l Buttermilch
125 ml Blue Curacao
3–4 Kugeln Vanilleeis
etwas Zucker

Vor dem Servieren den Glasrand in Blue Curacao drücken und anschließend in Zucker setzen. Dadurch entsteht ein hübscher blauer Zuckerrand. Alle Zutaten zusammen mixen und in die vorbereiteten Gläser füllen.

Frischer Wind

Ananas-Cola-Flip

1 große, frische Ananas
200 ml Cola
2 TL Zitronensaft
8 cl Rum
3–5 Eiswürfel
1 Sträußchen Minze

Die untere Scheibe der Ananas abschneiden, damit sie steht.
Deckel abschneiden und die Frucht aushöhlen. Fruchtfleisch auspressen und in die Ananas füllen.
Mit Cola auffüllen. Zitronensaft und Rum zugießen. Umrühren und die Eiswürfel dazugeben. Mit
Strohhalm und Minze servieren.

BÜSUM

GISELAS GEHEIMREZEPT

Ganz versteckt mitten in Büsum liegt Gisela's Kneipe IM VERSTECK, Hohenzollernstraße 4. Seit 25 Jahren ist sie hier „die Seele von's Janze" und mixt ihren „BÜSUMER NEBEL". Aus einer 100 Jahre alten ehemaligen Räucherei wurde eine sehr urige und individuelle Kneipe. Mit den alten Räucheröfen und ihrem quadratischen Tresen, der der Mittelpunkt des Lokals ist, strahlt sie etwas ganz besonderes aus. Nicht nur, dass Gisela eine gute Köchin ist, sie erfindet auch mit viel „Know-How" eigene Getränke.

Dieses witzige Lokal ist eine echte Bereicherung für das Familienbad Büsum mit seinem langen, grünen Strand. Der Ort bietet Erholung pur. Attraktionen sind das Wattenlaufen mit Musik und das renommierte Reitturnier im Watt. Höhepunkt in jedem Jahr ist die berühmte „Büsumer Kutterregatta" mit ihren wunderhübsch geschmückten Fisch- und Krabbenkuttern. Danach einen BÜSUMER NEBEL genießen, das schmeckt!..

Büsumer Nebel

1 Person

4 cl Campari
2 cl Cachaca (Zuckerrohrschnaps)
Bitter Lemon
Eiswürfel

Longdrinkglas mit Eiswürfeln bis zum Rand füllen. Darauf Campari und Cachaca gießen. Das Ganze mit Bitter Lemon auffüllen. Mit Strohhalm servieren.

STORM – POLE POPPENSPÄLER

Jährlich werden in Hanerau-Hademarschen die „Schimmel-reitertage" veranstaltet. Damit wird an unseren berühmten norddeutschen Dichter Theodor Storm erinnert, der diesen Ort zu seinem Altersruhesitz erwählte (1880–1888) und hier zahlreiche Novellen schrieb, darunter sein Hauptwerk „Der Schimmelreiter". In Gedenken an ihn steht auf dem Hanerauer Waldfriedhof ein Theodor-Storm-Denkmal, das den alternden Dichter bei einer Rast auf einer Parkbank zeigt.

Pole Poppenspäler

Erdbeer-Shake (alkoholfrei)
2 Personen

200 g Erdbeeren
2 kleine Bananen
2 EL Zucker
1 Prise Zimt
250 ml Milch
8 EL Schlagsahne
Schokoraspeln

Erdbeeren waschen, putzen und vierteln. In einer Schüssel mit einem Pürierstab fein pürieren. Bananen schälen und in Stücke schneiden. Die Hälfte des Erdbeerpürees, Zucker, Bananenstücke, Zimt und Milch in einen hohen Rührbecher geben oder in einem Mixer fein pürieren. Shake in ein hohes Glas geben. Restliches Erdbeerpüree vorsichtig drunterheben, Sahne steif schlagen, etwas süßen und als Sahnehäubchen auf den Shake setzen. Mit Schokoraspeln bestreuen.

HAND-MADE BY FRAUKE

Nicht weit von den Dithmarscher Deichen, in dem kleinen Dorf Schülp macht Frauke Seider in liebevoller Handarbeit diese entzückenden Teddybären. Einfach „BÄRENSTARK"!

TIPP

Um einen Punsch, Flip, Drink oder Shake noch attraktiver zu machen, kann man die geschlagene Sahne mit einem Spritzer bunter Lebensmittelfarbe passend zur Grundfarbe des Getränkes – hier „rot" – sehr hübsch einfärben.

Bärenstark

Beeren-Mix für Kids (alkoholfrei)
4 Personen

200 ml Selterwasser
200 ml Waldbeerentee
200 ml klarer Apfelsaft
200 ml Johannisbeernektar

Alle Zutaten miteinander vermischen und gut gekühlt servieren.

Keep Cool

Melonen-Tee, alkoholfrei

6 Personen

750 g verschiedene Melonen
3 Zitronen
4 El Grenadine
12 TL schwarzer Tee
3 EL Honig
Eiswürfel

Aus dem Melonenfruchtfleisch mit einem Kugelstecher Kugeln ausstechen. 1 Zitrone auspressen und mit dem Grenadinesirup über die Melonenkugeln geben. 30 Minuten in die Kühlung stellen. Restliche Zitronen waschen und in sehr dünne Scheiben schneiden. Teeblätter mit 500 ml kochendem Wasser überbrühen und 2–3 Minuten ziehen lassen. Durch ein Sieb gießen. Gläser im Kühlschrank gut durchkühlen und zu $^3/_4$ mit Eiswürfeln, Zitronenscheiben und Melonenkugeln füllen. Mit dem heißen Tee auffüllen und sofort servieren.

HELGOLAND

Wer an der Nordseeküste Urlaub macht, sollte eine kleine Kreuzfahrt mit einem der weißen Seebäderschiffe – zum Beispiel von Büsum aus – nach Helgoland machen, dem Geburtsort des beliebten Kinderbuchautors James Krüss.

Helgoland, die einzige deutsche Hochseeinsel, 1,65 qkm groß, mit ihren bekannten Farben Grün, Weiß, Rot. Besonders aus der Luft, wie auf unserem Foto, sieht man den hochaufragenden roten Felsen, von Meerschaum umspült, bedeckt mit einem grünen Teppich. Vorgelagert ist eine weiße Badedüne. Ein Spaziergang entlang der Klippen auf dem Oberland ist ein „Muss". Vorbei an bizarren Felsformationen bis zur Nordspitze mit dem markanten Wahrzeichen der Insel, der „Langen Anna". Man sollte aber auch einmal einen Abstecher in die kleinen Straßen und Gassen machen, denn die nordischen Häuschen haben ihren besonderen Reiz. Auch die malerische Flaniermeile am Binnenhafen sollte man besuchen und vielleicht eines der typischen Getränke wie das „HELGO-LÄNDER FEUER" probieren. Oder sich – wieder zu Hause – eine „LANGE ANNA" zubereiten.

Lange Anna

Grapefruit-Sekt

4 Personen

Saft von einer rosa Grapefruit
1 EL Grenadine
1 EL Kirschlikör
1 FL Rosésekt

Grapefruitsaft, Grenadinesirup und Kirschlikör miteinander vermischen und in Longdrinkgläser geben. Mit gut gekühltem Rosésekt auffüllen.

TIPP

Mit Grenadine lässt sich ganz fabelhaft ein roter Krustenrand herstellen. Den Rand des Glases statt in Zitronensaft in Grenadine tauchen und anschließend in Zucker. Dadurch verfärbt sich der Zuckerrand rot.

Kaltes zur heißen Jahreszeit

Bunte Bowlen und Drinks

Blütenzauber

Frühlingserwachen

Veilchen-Bowle

4 Personen

2 Sträußchen Veilchen
50 g Puderzucker
125 ml Himbeergeist
2 FL. Roséwein
$^1/_2$ Orange

Veilchenblüten abzupfen und einige in eine Schale mit Wasser legen. Roséwein gut durchkühlen lassen. Restliche Blüten mit Puderzucker überstäuben und Himbeergeist drauftreufeln. 1 Stunde im Kühlschrank ziehen lassen. Mit Roséwein übergießen. Orange spaltenförmig schälen. Orangenscheiben halbieren und zusammen in die Bowle geben. Mit den frischen Veilchenblüten garnieren.

EMIL NOLDE

Bei der wunderbar dekorierten Veilchen-Bowle „Frühlingserwachen" muss ich immer an den Blumengarten von Emil Nolde denken. Er liegt bei Seebüll, und man sollte ihn im Frühling oder im Sommer unbedingt einmal besuchen. Er ist ein wahres Schmuckstück. Viele der Blumen findet man in den Gemälden Emil Noldes wieder, die im sich anschließenden Galeriehaus ausgestellt sind.

Bauerngarten in Dithmarschen

Der Mai ist gekommen...

Tanz in den Mai

Maibowle
6 Personen

2 Büschel Waldmeister
1 FL Weißwein
Scheiben einer Orange
1$^1\!/_2$ l Roséwein
500 ml Sekt
Eiswürfel

MAIBOWLE

Die Bowlen im Mai sind die ersten im Jahr, die in unseren Breiten mit frischen Zutaten bereitet werden.
Bowle ist zwar das ganze Jahr möglich, aber die richtige Bowlensaison reicht vom ersten Waldmeister bis zum letzten Pfirsich. Im Frühling gibt es nichts schöneres als um das Maifeuer zu sitzen, eine Maibowle zu trinken und anschließend den Maitanz um das Feuer zu tanzen. Eine alte norddeutsche Tradition.

$^1\!/_2$ l Weißwein in ein Bowlegefäß gießen. Eine Orangenscheibe dazugeben. Waldmeister (er darf noch nicht blühen) zu einem Sträußchen binden und in den Wein hängen. Das Aroma steckt nur in den Blättern. 30 Minuten zugedeckt in den Kühlschrank stellen. Waldmeister entfernen. Restlichen Weißwein und Roséwein dazugießen. Nach Belieben noch weitere Orangenscheiben hineingeben. Vor dem Servieren mit Sekt auffüllen und Eiswürfel dazutun.

Liebeserklärung an die Seemannsbraut

Holunder-Bowle

6 Personen

10 Holunderblüten	200 g Zucker	
1 Bund Minze	1 l Wasser	
1 Zitrone	1 FL Weißwein (halbtrocken)	
Saft von 3 Zitronen	1 FL Sekt (halbtrocken)	

Holunderblüten, Minze, Zitrone in Scheiben, Zitronensaft und Zucker im Wasser ansetzen. 24 Stunden bei Zimmertemperatur ziehen lassen. Filtern und kühl stellen. Abschmecken und evtl. nachsüßen. Mit eiskaltem Weißwein und Sekt aufgießen. Zur Verzierung Minzeblätter, Holunderblüten und Zitronenscheiben in die Bowle geben.

TIPP

Man sollte nur Wein und Sektsorten verwenden, die man auch pur trinken würde. Zweitklassige Ware verfälscht den Geschmack.

Coole Träume

Viele bunte Eiswürfel

TIPP

Zum Ansetzen einer Bowle nie gekühlte Früchte nehmen. Sie sollten Zimmertemperatur haben, um ihr Aroma optimal zu entfalten. Die Zutaten zum Aufgießen sollten eiskalt sein.

Klabautermanns Seelentröster

Johannisbeer-Bowle

10 Personen

250 g rote Johannisbeeren
250 g schwarze Johannisbeeren
350 ml schwarzer Johannisbeerlikör
2 Fl trockener Weißwein
2 Limetten
2 Fl trockener Sekt

Johannisbeeren waschen und von den Rispen streifen. Einige Rispen für die Dekoration übrig lassen. Beeren in ein Bowlegefäß füllen. Mit Likör und $^1/_2$ Fl. Weißwein übergießen. Abgedeckt 1 Stunde ziehen lassen. Limettenscheiben und restlichen gut gekühlten Wein dazugeben. Mit Sekt auffüllen. Rand des Bowlegefäßes mit Rispen und Blättern verzieren.

TIPP

Statt Wasser Obstsäfte in die Eiswürfelbehälter füllen und gefrieren lassen. Verstärkt den Geschmack und verwässert nicht. Außerdem hübsche Farbtupfer im Getränk.

Teichwasser

Grüne Frucht-Bowle

6 Personen

5 Kiwi
2 Limetten
50 ml Cointreau
50 ml Waldmeistersirup
1 Fl trockener Weißwein
1 Fl trockener Sekt

Kiwis schälen und in Scheiben schneiden. Limetten waschen, trockenreiben und in sehr dünne Scheiben schneiden. Fruchtscheiben mit Cointreau, Sirup und Weißwein mischen und abgedeckt 4 Stunden ziehen lassen. Mit dem eisgekühlten Sekt auffüllen. Zur Dekoration eine Limettenspirale schneiden und in das Bowlegefäß hängen.

För Deerns und Fruunslüüd

Erdbeer-Bowle (alkoholfrei)

6 Personen

500 g Erdbeeren
750 ml roter Johannisbeersaft
1 Tasse Zitronensaft
Zucker
250 ml Apfelsaft
3 Fl Selterwasser
10 Eiswürfel

Erdbeeren waschen, putzen, einzuckern und ziehen lassen. Nach 2–3 Stunden mit den Säften auffüllen. Vor dem Servieren Selterwasser und Eiswürfel hinzutun.

Kalter Hoppel Poppel

4 Personen

4 Eigelb
4 EL Zucker
500 ml süße Schlagsahne
Muskatnuss
40 ml Arrak

Die Eigelbe mit dem Zucker ver-
schlagen und anschließend mit der
Schlagsahne verrühren. Den Arrak
hineinrühren und mit geriebener
Muskatnuss würzen. In gut gekühlten Gläsern servieren.

ARRAK

Arrak ist ein Branntwein aus Reismaische und Zuckerrohr-
melasse. Seeleute brachten ihn aus Übersee mit nach
Deutschland. Vor allem bei den Ostfriesen war er eine lange
Zeit genauso beliebt wie Rum. Arrak wird in Deutschland aus
Zuckerrüben hergestellt. Auch stellt man künstlichen Arrak
aus neutralem Alkohol her, nur mit Geschmackszusätzen ver-
setzt. Zu genauem Studium der Etiketten wird geraten.

FLIP

Meistens bestehen Drinks dieser Art aus Eigelb, Zucker und
alkoholischen Zutaten. Flips dürfen nicht zu lange ge-
schüttelt werden und müssen sofort nach der Zubereitung
serviert werden – am besten im Sektkelch und immer mit
Strohhalm. Flips lassen sich auch hervorragend ohne Alkohol
zubereiten.
Ein idealer Drink für Autofahrer.

Ausge-flip-pt

Rotwein-Flip
4 Personen

4 Eigelb
8 TL Zucker
500 ml Rotwein
Muskatnuss
Eiswürfel

Eigelbe mit dem Zucker schaumig rühren.
Anschließend den Rotwein dazugeben. Mit
einem Hauch von Muskat abschmecken.
Sofort mit Eiswürfeln servieren.

Eskimo-Flip

Milch-Eier-Weißwein-Flip
4 Personen

1 l Milch
4 Eigelb
2 Pk Vanillezucker
Zucker
Saft von 1 Zitrone
250 ml Weißwein
2 cl Weinbrand
250 ml geschlagene Sahne

Milch, Eigelb, Vanillezucker und Zucker
schaumig rühren. Zitronensaft mit dem
Weißwein und Weinbrand vermischen
und in die Eiermilch rühren. Auf Gläser
verteilen und mit einem Sahnehäubchen
verzieren.

Highlight für gemütliche Stunden

HIMBEERHOF STEINWEHR

Ein Geheimtipp ist eine Fahrt mit der ganzen Familie zum idyllisch gelegenen „Himbeerhof Steinwehr" direkt am Nord-Ostsee-Kanal zwischen Rendsburg und Kiel, in Steinwehr/Bovenau gelegen.

Schon von weitem erkennt man seine gepflegten Beerenobstplantagen. Hier gibt es Natur zum Anfassen. Himbeeren, schwarze und rote Johannisbeeren und die herrlich dicken Erdbeeren. Selbstpflücken ist ein Naturerlebnis für die ganze Familie. Ein paar ins Kröpfchen, der Rest ins Töpfchen. Man fährt also seine eigene Ernte ein. Anschließend sollte man sich unbedingt mit Kaffee und selbstgebackenen Obsttorten im „Kuchenzelt" von dem freundlichen Team verwöhnen lassen.

Sommerphantasie

Erdbeer-Campari-Bowle
6 Personen

750 g frische Erdbeeren
2 EL Zucker
250 ml Campari
1 l Tonic Water
1 Orange
1 Fl trockener Sekt
1 Bund Basilikum

Erdbeeren waschen, putzen und, wenn nötig, halbieren. Mit dem Zucker überstreuen und Saft ziehen lassen. Campari und 5oo ml Tonic Water dazugießen. Abgedeckt 4 Stunden ziehen lassen. Orange in dünne Scheiben schneiden. Mit restlichem Tonic Water und eisgekühltem Sekt auffüllen. Orangenscheiben und Basilikumblätter hinzufügen und servieren.

Durstlöscher

Graffiti am Schwimmdock

KUNST AM TROCKENDOCK

Trockendocks waren zwar immer interessant für nautisch und technisch Interessierte, bestachen aber nicht durch Schönheit. Mit diesem herben, industriellen Anblick ist es bei Blohm + Voss nun vorbei, denn man initiierte die Aktion „Kunst am Trockendock". Begabte „Künstler" malten und zauberten farbenfrohe Werke auf die riesengroßen Metallflächen. Entstanden ist ein echter Blickfang im Hamburger Hafen.

Mok mol foftein

Gurken-Bowle
6 Personen

1 l schwarzer Tee
1 Salatgurke
200 ml Anislikör
2 Zitronen
1 Fl trockener Sekt

Tee kochen und kalt stellen. Salatgurke waschen, vierteln und in Stücke schneiden. Gurkenstücke in ein Bowlegefäß füllen. Anislikör darübergießen und abgedeckt 1 Stunde ziehen lassen. Zitronen möglichst dünn spiralförmig schälen und den Saft auspressen. Schale und Saft zur Bowle geben. Mit Tee und gut gekühltem Sekt auffüllen.

Dockschluck

Korn-Bowle
4 Personen

250 ml Korn (38 Vol.-%)
1 l Lift-Brause

Korn in eine große Karaffe geben und mit gut gekühlter Brause aufgießen.

Die Wucht in der Bucht

Kalte Ente
8 Personen

2 Zitronen
4 Fl Weißwein
2 Fl Sekt

Zitronen waschen, trocknen. Schale spiralförmig abschälen. Spirale in die Karaffe hängen. Eisgekühlten Wein und Sekt hinzugießen und servieren.

Zuckersirup

250 g Zucker zusammen mit 250 ml Wasser aufkochen und einige Minuten umrühren, bis der Sirup entstanden ist. Nach dem Erkalten in eine Flasche füllen. Ein Teelöffel Zuckersirup entspricht einem Teelöffel Streuzucker.

TIPP

Bei Frucht-Bowlen sollte man keinen Streuzucker verwenden, damit das kräftige Umrühren vermieden wird. Zuckersirup läßt sich ganz einfach herstellen und hält sich sehr lange.

Knupperschluck

Knupperschluck

*Eistee-Bowle mit Kirschen
(alkoholfrei)*
6 Personen

800 g frische Knupperkirschen
2 Zitronen
50 ml Himbeersirup
500 ml klarer Apfelsaft
4 Dosen Eistee (Pfirsich)
500 ml weiße Zitronenbrause

Kirschen waschen, entstielen, entsteinen. Zitronen waschen, trockenreiben und in dünne Scheiben schneiden. Kerne entfernen. Kirschen, Zitronenscheiben, Sirup, Apfelsaft und 1 Dose Eistee in einem Bowlegefäß miteinander vermischen. Abgedeckt 3 Stunden ziehen lassen. Restlichen Eistee und Brause gut durchkühlen. Kurz vor dem Servieren Eistee und Brause dazugeben. Mit Pfefferminzblättern verzieren.

Bunter Brummkreisel

*Ananas-Bowle mit kandierten Kirschen
(alkoholfrei)*
6 Personen

1 Dose Ananas in Scheiben
(820 g)
1 Glas grüne Cocktailkirschen mit Stiel (365 g)
1 l Bitter Lemon
1 l Zitronenbrause

Ananasringe auf einem Sieb abtropfen lassen. Saft auffangen. Ananas in Stücke schneiden. Mit Saft und abgetropften Cocktailkirschen in ein Bowlegefäß geben. Bitter Lemon hinzugießen und 2 Stunden kühl stellen. Vor dem Servieren mit Limonade auffüllen. Mit Cocktailkirschen verzieren.

Buntes Krabbenfischen im Priel

Fischer mit Spezialnetzen im Priel

Eine Touristenattraktion an der Nordseeküste ist das „Krabbenfischen im Priel". Der Fremdenverkehrsverein Wesselburen stellt ganz tolle Veranstaltungen auf die Beine.

Bei Ebbe werden im Priel bei Wesselburenerkoog Krabben gefischt, gekocht und verköstigt, und außerdem wird einem das Krabbenpulen beigebracht. Eine Urlaubsbereicherung für jung und alt.

Dazu schmecken natürlich ein Korn und ein Bier, aber auch der „KLEINE KRABBLER" ist nicht zu verachten.

Die Karavane zieht los

So grünlich sehen ungekochte Krabben aus

Kleiner Krabbler

Kümmel-Korn

1 Fl Korn (38 Vol.-%)
3 EL Kümmel
350 g Zucker
250 ml Wasser

Den Korn mit dem Kümmel in einer Flasche miteinander vermischen. Die Flasche gut verschließen und acht Tage an einen sonnigen Ort stellen. Öfters durchschütteln. Zucker und Wasser unter ständigem Rühren aufkochen und kurz sprudeln lassen. Noch warm mit dem Kümmelansatz vermischen und 24 Stunden ruhen lassen. Anschließend durch ein Mulltuch gießen und dann zurück in die Flasche. Haltbar 3–4 Monate.

Rohe Krabben direkt aus dem Priel

Beim Kochen erhalten die Krabben ihre rote Farbe

Aufs Sieb zum Abtropfen

Guten Appetit beim „Krabbenschmaus"

SYLT

Die nächste Station ist Sylt, die Königin der Nordsee, Deutschlands berühmteste Insel!

Hier versammeln sich die unterschiedlichsten Landschaften wie Wattenmeer, Wanderdünen, Sandwüsten, Heideflächen, kilometerlange Sandstrände und bilderbuchschöne Dörfer zu dem, was Sylt so einmalig macht. Sylt ist auch die Insel der Rosen. Rosen vor den Häusern, Rosen vor den Türen, Rosen im Land und Rosen in der Bowle. Die „Rosa rugosa" oder einfach „Sylter Rose" genannt, ist das „fleißige Lieschen" unter den Rosen. Sie blüht fast den ganzen Sommer und im Herbst leuchten ihre orangefarbenen dicken Hagebutten. Ihre Blüten eignen sich wunderbar für die Sylter Rosen-Bowle.

Sylter Rose

Rosen-Bowle
6–8 Personen

10 stark duftende Rosen
125 ml Weinbrand
3–4 EL Rosenwasser
2 Fl Gewürztraminer
1 Fl Champagner
3–4 Limettenscheiben
Eiswürfel

8 Rosen zerpflücken und die Blätter in ein Bowlegefäß geben. Weinbrand, Rosenwasser und 1 Fl Wein
hinzugeben. Bowle zugedeckt 1 Stunde kalt stellen.
Blütenblätter entfernen. Bowle mit restlichem Wein
und dem Champagner auffüllen. Limettenscheiben
und restliche Rosenblätter hineingeben. Eiswürfel zugeben und sofort servieren.

TIPP

Nur Blätter von Rosen verwenden, von denen bekannt
ist, dass sie nicht mit Pflanzenschutzmitteln behandelt
wurden.

SYLT

Rotes Kliff

Admirals Cup

Champagner-Cocktail
1 Person

1 Würfelzucker
2–3 Spritzer Angostura
3 Spritzer Brandy
Trockener Champagner
zum Auffüllen

Den Würfelzucker mit
Angostura tränken und
mit dem Brandy in ein
Sektglas geben. Mit eis-
kaltem Champagner auf-
füllen.

Leuchtkugeln

Sekt-Spießchen
1 Person

4 grüne Weintrauben
3 blaue Weintrauben
Sekt zum Auffüllen

Weintrauben waschen und
trockentupfen. Grüne und
blaue Trauben abwech-
selnd auf ein Holzstäbchen
spießen und in einen ho-
hen Sektkelch stellen. Mit
eiskaltem Sekt auffüllen.

Dünenvulkan

Sekt-Cocktail
1 Person

2 cl Himbeergeist
2 cl Blue Curacao
Trockener Sekt zum Auffüllen

Den Himbeergeist und den Blue Curacao leicht erwärmen und im Sektglas anzünden. Mit eiskaltem Sekt ablöschen und eine dünne Orangenscheibe dazugeben.

Beachboys Verführung

Champagner-Flip
1 Person

5 cl Rheinwein
1 TL Zuckersirup
2 Eigelb
Champagner zum Auffüllen

Rheinwein, Zuckersirup und Eigelb im Shaker oder Schüttelbecher kräftig schütteln. In ein Kelchglas gießen. Mit Champagner auffüllen und mit einem Strohhalm servieren.

Leidenschaftlich kühl

![beach scene]

Abend am Meer

Melonen-Bowle

6 Personen

3 Netzmelonen
250 ml Waldmeistersirup
5 EL Limettensaft
2 Fl Weißwein
3 Limetten
1 Fl trockener Sekt
1 Strauß Minzeblätter

Melonen halbieren, entkernen und
mit einem Kugelstecher Kugeln aus
dem Fruchtfleisch stechen. Melonenkugeln in ein Bowlegefäß geben.
Waldmeistersirup, Limettensaft und
gut gekühlten Weißwein zugeben
und 30 Minuten ziehen lassen. 2 Limetten waschen, abtrocknen und in
dünne Scheiben schneiden, dann in
die Bowle geben. Mit eiskaltem Sekt
auffüllen. Restliche Limette spiralförmig schälen. Bowle mit Limettenspirale und Minzeblättern garnieren.

Treibeis

*Orangen-Bowle mit
Vanilleeis*

4–6 Personen

2 Fl Orangensaft
1 Fl Wodka
3 Dosen Mandarinen
1 kg Vanilleeis

Orangensaft, Wodka und
Mandarinen mit Saft mit-
einander vermischen. Va-
nilleeis als Kugeln in Gläser
füllen und mit Bowle auf-
füllen.

Sauer macht lustig

*Zitronen-Bowle
(alkoholfrei)*

6–8 Personen

2 Zitronen
1 Orange
500 ml Orangensaft
100 ml Zitronensaft
100 ml Zuckersirup
1 l Bitter Lemon
1 Fl Mineralwasser

Zitronen und Orangen
spiralförmig schälen, an-
schließend in Scheiben
schneiden und diese vier-
teln. Zitronen- und Oran-
genviertel, Säfte und Sirup
in ein Bowlegefäß geben
und zugedeckt 1 Stunde kalt
stellen. Vor dem Servieren
mit Bitter Lemon und Mineralwasser auffüllen.

Sommerflirt

Campari-Sekt
4 Personen

8 cl Campari
16 cl Orangensaft
1 Spritzer Zitronensaft
400 ml trockener Sekt
1 Orange

Für einen Drink jeweils 2 cl Campari, 4 cl Orangensaft und einen Spritzer Zitronensaft miteinander verrühren und in ein Cocktailglas füllen. Mit 100 ml gut gekühltem Sekt auffüllen. Glas mit mehreren Orangenspalten garnieren.

Grüne Wiese

Curacao-Sekt
1 Person

2 cl Blue Curacao
Orangensaft
Sekt
Eiswürfel

Curacao, Eiswürfel in ein hohes Glas geben. Mit Orangensaft und Sekt auffüllen bis eine schöne grüne Farbe entsteht. Longdrink immer mit Strohhalm servieren.

Strandsegler

Orangen-Sekt
1 Person

2 cl Orangenlikör
2 cl frischer Orangensaft
1 El Zitronensaft
1 Spritzer Grenadine
Sekt
Eiswürfel

Orangenlikör, Säfte, Grenadine und Eiswürfel in einem Shaker schütteln und in ein Longdrinkglas gießen, mit Sekt auffüllen.

STRANDSEGELN

Das Nordseebad St. Peter-Ording hat riesige Strandflächen und ist daher für das Strandsegeln ideal. Ein Strandsegler ist quasi ein Segelboot auf Rädern und erreicht eine hohe Geschwindigkeit. Dazu braucht man natürlich eine steife Brise, und die hat man in St. Peter-Ording meistens. Es ist ein atemberaubendes Bild, die Strandsegler am Horizont entlanggleiten zu sehen.

Jedes Jahr zur schönsten Segelwetterzeit findet die „Kieler Woche" statt, die größte Segelregatta der Welt, und das ist kein Seemannsgarn.

120 Jahre Segelsport der Extraklasse mit über 5000 Aktiven auf weit mehr als 2200 Jollen, Yachten und Windjammern sowie mit Kutterregatten und Piratensegeln für Kinder. Was für eine ungeheure Touristenattraktion! Von den verschiedenen Aussichtspunkten auf die Kieler Bucht ergeben sich traumhafte Bilder. Drum herum um die „Kieler Woche" finden natürlich auch viele sommerliche Veranstaltungen statt.

Auch kulinarisch ist für alles gesorgt, überall gibt es reichlich to eeten un to drinken und so ein KIEL-WASSER ist wirklich nicht zu verachten.

Na, denn Prost!!

Kiel-Wasser

Blue Curacao-Tonic-Mix
4 Personen

8 cl Blue Curacao
Tonic Water
200 ml Schlagsahne

Je 2 cl Blue Curacao in ein Longdrinkglas geben und mit Tonic Water auffüllen. Schlagsahne steif schlagen und als Wolke auf den Drink setzen. Eisgekühlt mit Strohhalm servieren.

KIELER SPROTTEN

Der Genuss von Kieler Sprotten darf bei einem Besuch in unserer Landeshauptstadt natürlich nicht fehlen.

AN- UND ABLEGER

Nach einer Segelregatta ist es bei vielen Seglern Tradition, einen An- oder Ableger zu trinken. Man sitzt gemeinsam auf dem Bootsrand und trinkt Sherry aus der Flasche.
Der erste Schluck geht an Rasmuss über Bord, der Rest wird reihum ausgetrunken. Andere trinken ein Bier oder mixen sich einen schlichten Cocktail.

Havarie im Bowlepott

Achtern Diek

Tee-Bowle, alkoholfrei
4 Personen

2 TL schwarzer Tee
500 ml Wasser
100 g Kandis
1 Apfel
1 Orange
250 g TK-Himbeeren
375 ml klarer Apfelsaft
125 ml Zitronensaft
1 l Selterwasser

Tee brühen, mit Kandis süßen und erkalten lassen. Apfel und Orange schälen und in Würfel schneiden. Säfte und Früchte in den Tee geben und ziehen lassen. Vor dem Servieren die TK-Himbeeren hinzutun und mit gut gekühltem Selterwasser auffüllen.

För'n Slikkermuul

Sahne-Bowle
4 Personen

250 ml Schlagsahne
8 EL Puderzucker
2 Fl Moselwein
Saft von 1 Zitrone

Sahne mit dem Puderzucker in einem Bowletopf leicht schaumig, aber nicht steif schlagen. Wein mit Zitronensaft vermischen. Unter Rühren in die Sahne gießen. Sofort kalt servieren.

BOWLEN

Bowlen sind immer wieder beliebte Durstlöscher. Auch erfreuen sie das Auge durch Kompositionen mit Früchten, Blüten und anderen Dekorationen.
Sie werden immer in großen Gefäßen auf den Tisch gebracht, woher die „Bowle" auch ihren Namen hat. In England sagt man „bowl" zu einem schüsselähnlichen Gefäß.

TIPP

Bowlereste können, gut verschlossen, durchaus auch einige Tage kühl aufbewahrt und – mit frischem Sekt – erneut serviert werden.

Kapeister-wasser

Frucht-Bowle
6 Personen

2 l Früchtetee (kalt)
Saft von 2 Orangen
Saft von 2 Zitronen
2 cl Bananenlikör
2 cl Cointreau
1,5 Fl Sekt

Alles miteinander vermischen und gut gekühlt servieren.

Boote liegen im Schlamm

Schlamm-Bowle

6 Personen

1 Fl Weißwein
1 Fl Sekt
200 ml Wodka
1 Fl Orangensaft
1 Pk Vanilleeis
(1000 ml)

Alle Getränke gut gekühlt in ein Bowlegefäß geben. Vanilleeis ganz zum Schluss in die Mitte setzen, da es sehr schnell schmilzt. Eis verbindet sich mit der Flüssigkeit.

Flautenwasser

Apfel-Bowle
6 Personen

500 ml Wasser
150 g Zucker
$1/2$ Vanilleschote
3 Nelken
etwas Zitronensaft
4 Äpfel
1 Fl Moselwein
1 Fl Sekt

Wasser mit dem Zucker und den Gewürzen aufkochen, anschließend Gewürze herausnehmen. Äpfel schälen, entkernen und in Scheiben schneiden. Äpfel in das heiße Wasser geben. Einmal aufkochen lassen. Abkühlen lassen. Äpfel mit der Flüssigkeit in ein Bowlegefäß geben. Kurz vor dem Servieren mit gut gekühltem Wein und Sekt auffüllen.

ALTENHOF

CSI-Altenhof! Ein Reitturnier im Schlosspark zu Altenhof mit einer langen Tradition und weit über die Grenzen Schleswig-Holsteins ein Begriff für hochkarätigen Sport.

Der idyllisch gelegene Schlosspark bietet für Reiter und Zuschauer eine wundervolle Atmosphäre. Hier geht alles, was Rang und Namen hat in Dressur und Springen, an den Start. Höhepunkte des Turniers sind das S-Springen „Großer Preis von Altenhof" und in der Dressur der „Prix St. Georg". Das Getränk HOLSTEINER PFERDEKUSS wurde hier aus der Taufe gehoben und fand unter den Reitern großen Anklang.

Holsteiner Deckhengst Aljano mit dem Geschäfts-
führer des Holsteiner-Verbandes, Norbert Boley

„Holsteiner Pferdekuss"

Holsteiner Pferdekuss

Saft-Punsch
8 Personen

250 ml Ananassaft
250 ml Orangensaft
125 ml Zitronensaft
350 ml Rum
etwas Zuckersirup
1 Fl Ginger-Ale

Den Ananas-, Orangen- und Zitronensaft mit dem Zuckersirup vermischen.
Gut durchkühlen lassen.
Vor dem Servieren mit dem eiskalten Ginger-Ale auffüllen.
Lässt sich auch in größeren Mengen gut vorbereiten.

Allen schmeckt der „Pferdekuss": Herbert Blöcker, Peter Luther, Dirk Schröder

Thomas Voss, Carl-Christian Rahlf, Andreas Ripke, Tricia O'Connor, Daniela Liebig (alle trinken den „Pferdekuss")

HOLSTEINER PFERDE

Das Holsteiner Pferd ist nach aktueller Statistik das erfolgreichste Springpferd der Welt. Schon vor Jahrhunderten war es berühmt und als Arbeits- und Kutschpferd über unsere Grenzen hinaus beliebt. Im letzten Jahrhundert formten Holsteiner Züchter durch Einkreuzungen das moderne Sportpferd, das heute auf allen Turnieren der Welt dominiert.

Nobless mit Caretino

Die meisten sind Springpferde, aber auch Dressurpferde wie „Granat" wurden Weltmeister. Wer kennt nicht „Meteor" unter Fritz Tiedemann oder die Stute „Classik Touch" (Olympia-Siegerin) unter Ludger Beerbaum. Reiter aus dem Norden sind Herbert Blöcker (Silbermedaillen-Olympionike), Peter Luther (Derby-Sieger), Sören von Rönne (Derby-Sieger), Dirk Schröder und viele, viele andere. Nicht zu vergessen Karin und Herbert Rehbein (Dressur). Pferde haben wegen ihres sympatischen Wesens bei Menschen immer eine Sonderstellung eingenommen. Aber Vorsicht beim Schmusen! Sie haben viel Kraft und ein liebevoller Stupser – kann ganz schön weh tun.
Man nennt ihn den Pferdekuss.

Ringreiten

RINGREITEN

Ein typischer Sport bei uns im Norden ist das „Ring-
reiten". Es geht zurück auf die mittelalterlichen
Ritterturniere, bei denen man hoch zu Roß aufeinander losstürmte, um den Gegner mit der Lanze aus
dem Sattel zu stoßen. Bei unseren Ringreitern geht
es nicht ganz so brutal zu: Man galoppiert mit einer
Lanze auf einen kleinen Ring zu, versucht ihn auf-
zuspießen und aus der Halterung zu reißen.

Wer nach dem Turnier die meisten Ringe hat, ist der
„Ringreiter-König" und zieht mit seinem Gefolge
durch den Ort.

Das Ganze endet natürlich mit einem Festgelage,
bei dem die Getränke je nach Region variieren.

Ringreiterkönig grüßt sein Volk

Sammeln zum Umzug

BIER

Bier wird oft auch Gerstensaft genannt. Es wird also Korn zur Gärung gebracht und daraus ein Getränk herge-stellt. Diese einfache Methode ist so alt wie die Kultur der Menschheit und man hat Spuren gefunden, die viele Jahrtausende alt sind. Schon die alten Germanen tranken Bier. Allerdings hatten diese alten Sorten wenig mit unserem heutigen Bier zu tun. Und erst das Reinheitsgesetz aus dem 15. Jahrhundert machte Schluss mit schlechten Qualitäten und lebensgefährlichen Kräutertüfteleien.
In Schleswig-Holstein liebt man das Bier süffig, nicht zu herb und bitter und in der traditionellen Flasche mit dem Bügelverschluss.

Nach dem Ringreiten

Bier-Bowle
4 Personen

250 g Erdbeeren
2–3 EL Zucker
2 Fl Weißwein
2 Fl Pils

Erdbeeren waschen und halbieren, in das Bowlegefäß geben und mit Zucker bestreuen. Mit $\frac{1}{2}$ Fl Wein gut 1 Stunde ziehen lassen. Vor dem Anrichten den restlichen Wein und das gut gekühlte Bier hin-zugeben.

Ein Schiff fährt durch die Felder

Ein Schiff im Grünen? Keine Fatamorgana, sondern ein alltäglicher Anblick am Nord-Ostsee-Kanal. Seit mehr als hundert Jahren verbindet er die Nordsee mit der Ostsee. Supertanker, Jumbofrachter und die größten Traumschiffe der Welt, wie die „Norwegian Dream" sind regelmäßige Gäste auf dem Nord-Ostsee-Kanal.

Bojen-Landgang

Heulbojen

Weintrauben-Bowle

6 Personen

250 g helle kernlose Weintrauben
2 Fl Moselwein
1 Fl trockener Sekt
200 ml Rum (40 Vol.-%)
Saft von 1 Zitrone
Eiswürfel

Weintrauben waschen und halbieren. Trauben in ein Bowlegefäß füllen. Mit gut gekühltem Wein, Sekt, Rum und Zitronensaft aufgießen. Eiswürfel hineingeben und servieren.

BOJEN

Bojen haben als Wegweiser der Wasserstraßen für Norddeutsche eine Faszination und werden heute nicht mehr entsorgt.

Liebhaber malen sie bunt an und dekorieren damit die Landschaft, Vorgärten, Kuhweiden, Verkehrsinseln, Fußgängerzonen und Hafenplätze oder lassen sie in den Farben, wie sie in der Nordsee schwammen. Heulbojen nennt man hier oben spöttisch auch Leute, die bei jeder Gelegenheit anfangen zu weinen. Was das mit dem gleichnamigen Getränk zu „kriegen" hat, bleibt unerforscht.

Kennen Sie Arnis, die kleinste Stadt Deutschlands? Mit ihren 380 Einwohnern wird sie auch die „Perle" der Schlei genannt. Sie hat nur eine Straße, eine traumhafte Lindenallee. Ihre abgelegene, ruhige Lage und die vielfältigen Wassersportmöglichkeiten bieten die absolute Erholung.

Ein beliebtes Anlaufziel ist das Café und Restaurant „Zur Schleiperle". Auf 57 Pfählen steht das blaue, malerische Holzhaus mitten in der Schlei. Hier verwöhnt der Wirt Hans-Werner Broderius seine Gäste. Ein Treffpunkt für Segler und Landratten. Gekocht werden alle Köstlichkeiten aus der Schlei, aber auch auf typisch schleswig-holsteinische Spezialitäten braucht man nicht zu verzichten. Dazu werden Getränke mit ganz ulkigen Namen serviert – Schlubberchen genannt – wie zum Beispiel „Pillkaller", „Meschkinnes", „Heringslake" oder „HÄNGEBAUCH", ein Getränk mit einem echten Angelner Matjes garniert.

Wirt Hans-Werner Broderius

Hängebauch

1 Person

2 cl Bommerlunder
$^1/_2$ Angelner Matjes

Bommerlunder in ein eisgekühltes Glas schütten und einen Streifen Matjesfilet über den Glasrand hängen. Erst den Matjes gut durchkauen und dann den Schnaps hinterher gießen.

TRAVEMÜNDE

TRAVEMÜNDE

Travemünde an der Ostsee, eines der traditionsreichsten Bäder Europas, wurde 1802 Seebad. Ein breiter, 4,5 km langer Badestrand, Kurpromenade, Yachthafen, Fischereihafen und malerische Giebelhäuser im alten Ortsteil machen das Ostseeheilbad zum Anziehungspunkt. Auch zählt Travemünde zu einem der bedeutendsten Fährschiffhäfen.

1822 öffnete das Spielcasino seine Pforten und schnell wurde Travemünde dadurch Mittelpunkt des mondänen Kurlebens. Selbst Filmstars wie Sophia Loren und Vittorio de Sica nutzten die Zeit nach Drehschluss, von Hamburg nach Travemünde zu fahren, um Roulett zu spielen. Das Casino ist fast ein Wahrzeichen. Sogar Deutschlands erstes Sandskulpturenfestival „Sand World" baute es naturgetreu nach.

Ein Highlight ist in jedem Jahr die „Travemünder Woche", eine internationale Segelregatta, an der schon 1894 Kaiser Wilhelm II. mit seiner Yacht „Meteor" teilnahm und siegte. Dem Sieger winkte dann eine Flasche „Lübecker Rotspon", ein spezieller Lübecker Rotwein, mit dem man den „Heißen Bischof" zubereitet.

Für heiße Tage an der Waterkant kennt man aber auch ein traditionelles erfrischendes Weißweinrezept, den CARDINAL.

Strand mit Casino

Die Viermastbark „Passat", Schwesterschiff der 1957 untergegangenen „Pamir", liegt für Bewunderer der Windjammer als schwimmendes Museum an der Hafenseite des Priwalls

TRAVEMÜNDE

Leuchtturm auf dem Leuchtenfeld. Das älteste erhaltene Seezeichen im deutschen Ostseeraum, 1539 von Holländern fertiggestellt, ist nach der Verlegung des Leuchtzeichens leider nicht mehr in Betrieb. Heute blinkt es vom Dach des Maritim-Hotels und gilt als das höchste Leuchtfeuer der Welt

Sand-Casino

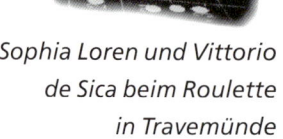

Sophia Loren und Vittorio de Sica beim Roulette in Travemünde

Cardinal

4–6 Personen

1 Fl Rheinwein
1 Fl Arrak
1 Fl Sekt
etwas Zucker

Gut gekühlten Wein, Arrak und Sekt in ein großes Bowlegefäß füllen. Nach Geschmack leicht mit Zucker süßen und sehr kalt servieren.

Heißes zur kalten Jahreszeit

*Punsch,
Kaffee & Co.*

Friesenvulkan

Rotwein-Fliederbeer-Punsch

6 Personen

375 ml Fliederbeersaft
125 ml Wasser
250 ml Rotwein
12 cl Himbeergeist
5 Nelken
2 Lorbeerblätter

1 Zimtstange
$^{1}/_{2}$ aufgeschnittene
Vanilleschote
3 EL Zucker
Schale einer Zitrone

Alle Zutaten in einen großen Topf geben und erhitzen. 15 Minuten ziehen lassen. Zum Schluss den Himbeergeist hinzugeben. In ein hitzebeständiges Gefäß füllen. Auf einer Wärmeplatte oder einem Rechaud heiß halten und in Tee- oder Groggläser füllen.

ST. PETER-ORDING

Badegäste und parkende Autos am Strand

Den typisch norddeutschen EISBRECHER tranken wir in St. Peter-Ording, dem Eldorado für Surfer und Strand-segler.

Zwischen April und Oktober kann man am Endlosstrand die Segelboote auf Rädern bewundern. Zwei Stunden vor und nach Niedrigwasser ist die richtige Zeit zum Strandsegeln, denn das geht nur auf der harten Sandbank. Regelmäßig finden hier auch deutsche und internationale Meisterschaften statt.

Unser Anlaufpunkt am Strand war das 1975 auf hohen Pfählen errichtete „Doris' Strandcafé". Es bietet einen traumhaften Ausblick auf Strand und Meer. Die Seele des Hauses ist die Wirtin Doris Brauer, die mit sehr viel Liebe und Charme ihre Gäste mit norddeutschen Getränken wie dem EISBRECHER verwöhnt.

Man sollte aber trotzdem beim Ge-nießen des Getränkes das Wasser im Auge behalten, denn durch die Gezeiten erlebt man oft eine Über-raschung. Man geht mit trockenen Füßen hinein ins Lokal und beim Hinausgehen muss man oft die Ho-sen hochkrempeln, wenn die Flut den Pfahlbau umspült hat.

ST. PETER-ORDING

Wirtin Doris Brauer

Eisbrecher

2 Personen

250 ml Rotwein
4 cl Rum
4 Nelken
8 Würfelzucker
4 cm Zimtstange

Rotwein, Nelken, Würfelzucker und Zimtstange in einem Topf sehr heiß werden lassen. Nelken und Zimtstange entfernen. Rum
in den Rotwein gießen und kurz erhitzen. In
vorgewärmte Gläser füllen.

77

Kaffee, ein starker Verführer

Geheimnis aus der Seekiste

Eierlikör-Kaffee
4 Personen

4 Tassen Kaffee
8 cl Eierlikör
4 cl Rum
2 EL Zucker
200 ml Schlagsahne
Krokant und Pistazien

Den heißen Kaffee mit Eierlikör, Rum und Zucker verquirlen und in Tassen füllen. Die Sahne steif schlagen und als Sahnehaube auf die Tassen verteilen. Die Pistazien kurz in einer Pfanne rösten und zusammen mit Krokant über die Sahnehäubchen streuen.

Nix för'n Bangbüx

Kaffee-Punsch
4 Personen

5oo ml starker Kaffee
500 ml Rum
500 ml Portwein
Kandiszucker

Kaffee, Rum und Wein miteinander vermischen und vorsichtig erhitzen, nicht kochen. In vorgewärmte Becher gießen, Kandiszucker hinzutun und möglichst heiß servieren.

Heiße Ware

Zimt-Kaffee
2 Personen

200 ml Milch
2 EL Honig
$\frac{1}{2}$ TL Zimt
2 TL Kakao
200 ml frisch gebrühter Kaffee
125 ml Schlagsahne

Milch, Honig und Zimt kurz aufkochen und den Kakao einrühren. Auf zwei Becher verteilen und mit heißem Kaffee aufgießen. Sahne steif schlagen und als Häubchen auf die Becher setzen.

Wat löppt, dat löppt

Rum-Kaffee
4 Personen

4 gehäufte TL Kaffee
1 l Wasser
4 Würfelzucker
1 Orange
4 Nelken
4 Zimtstangen
unbehandelte Orangenschale
250 ml Rum

Kaffee brühen. Den Würfelzucker an der gewaschenen und trockenen Orange kräftig reiben, bis er sich mit dem Orangenaroma vollgesogen hat. Mit Nelken, Zimtstangen, dünn geschälter Orangenschale und dem Rum erhitzen, nicht kochen. Den heißen Kaffee hinzugießen. Durchsieben und sehr heiß servieren.

Westwind

Holsteiner Teepunsch
4 Personen

3 Tassen Tee
Schale und Saft
einer Zitrone
200 g weißer Kandis
1 Fl Weißwein
8 cl Rum

Zitrone spiralförmig schälen, anschließend den Saft auspressen. Alle Zutaten in einen Topf geben und kurz aufwallen lassen, nicht kochen. Mit Rum abschmecken.

WESTWIND

Der Wind kommt in Norddeutschland fast immer von Westen. Er bringt das Salz vom Meer und die Wolken mit. Er streichelt die Bäume und biegt sie nach und nach in eine östliche Richtung. Auf der einen Seite tost das Meer, auf der anderen Seite geben die hohen Deiche malerischen Ortschaften und einsamen Gehöften Geborgenheit.
„Feierlich schweigen Weideflächen", schreibt Theodor Storm.

Stelldichein am Kamin

Schoko-Kaffee
1 Person

1 Riegel Blockschokolade
2–3 EL Milch
$1/2$ Tasse heißer, starker Kaffee
1 Prise Salz
1 EL Sherry

Die Blockschokolade in der heißen Milch schmelzen und mit der gleichen Menge Kaffee auffüllen. Mit etwas Salz und Sherry abschmecken.

Nur für Buddelschipper

Eier-Tee
8 Personen

750 ml Wasser
8 TL schwarzer Tee
6 Nelken
4 Eigelb
4 EL Zucker
16 cl Rum
1 Prise Zimt

Den schwarzen Tee und die Nelken in eine Kanne geben. Mit kochendem Wasser aufgießen und ziehen lassen. Eigelb mit dem Zucker schaumig schlagen und den Rum vorsichtig dazugießen. Eiermasse in Gläser füllen, mit heißem Tee aufgießen und mit Zimt bestäuben.
Sollte der Tee in zwei Runden serviert werden, empfiehlt es sich, den Tee neu aufzubrühen, damit er auch bei der zweiten Runde heiß und frisch ist.

TÖNNING

Tönninger Hafen mit dem alten Packhaus

Auf der Halbinsel Eiderstedt ist Tönning mit seinem historischen Hafen ein beliebter Anlaufpunkt für Freizeitkapitäne. Auch wir machten hier auf unserer Getränkereise halt. Direkt an dem romantischen Hafenbecken, gegenüber dem „Alten Packhaus", liegt das schnuckelige Hotel und Restaurant „Godewind" im ehemaligen Hafenamt. In dem mit sehr viel Liebe fürs Detail eingerichteten Restaurant serviert der Chef persönlich den berühmten handgeschlagenen EIERGROG. Nach einem Spaziergang an der Eider entlang sollte man hier unbedingt einmal einkehren.

Das Packhaus strahlt im Lichterglanz als größter Adventskalender Deutschlands und steht sogar im Guinnes-Buch der Rekorde

Der Godewind-Wirt Frank Gehrke mit dem typischen Eiergrog

Eiergrog

2 Personen

8 cl Rum
2 Eigelb
4 gestrichene TL Zucker
125 ml Schlagsahne
heißes Wasser
1 Prise Zimt

Den Rum vorsichtig erhitzen, nicht kochen. Das Eigelb mit dem Zucker schaumig rühren, bis sich der Zucker aufgelöst hat. Die Masse in vorgewärmte Groggläser füllen. Den Rum dazugeben. Umrühren. Mit heißem Wasser auffüllen, bis der Eischaum fast den Glasrand erreicht. Mit leicht geschlagener Sahne bedecken und mit einer Prise Zimt überstreuen.

WITZWORT, ROTER HAUBARG

Vom „Roten Haubarg" erzählt man sich diese Geschichte:

Der Erbauer ging einen Pakt mit dem Teufel ein. Wenn dieser ihm sein herrschaftliches Bauernhaus mit 100 Fenstern in einer Nacht bis zum Hahnenschrei erbaute, wollte der Bauer seine Seele dem Teufel vermachen. Der Haubarg wurde in der vereinbarten Zeit fertig – bis auf das hundertste Fenster! Der Teufel ärgerte sich über die verlorene Wette so sehr, dass er sein Blut in der Küche verspritzte und durch das unfertige hundertste Fenster hinaussauste.

Noch heute kann man Blutspritzer auf den Küchenkacheln sehen, und der Wind weht immer noch durch das hundertste Fenster.

In dem Haubarg – sprachgeschichtlich entstanden aus Heuberg – befindet sich heute ein Restaurant, und es werden schmackhafte norddeutsche Spezialitäten angeboten. Eine besondere Attraktion ist die TEUFELSBLUT-BOWLE, die der Wirt Bernd Harms persönlich serviert und anzündet. Ein teuflisch leckeres Getränk!!

Wirt Bernd Harms

Teufelsblut

Kaffee-Rotwein-Bowle
4–6 Personen

1 l starker Kaffee
1 l Rotwein
250 ml Korn
1 Zuckerhut
Rum (54 Vol.-%)

Den Kaffee, Rotwein und Korn in einem Topf erhitzen bis kurz vor dem Sieden. In ein feuerfestes Bowlegefäß füllen und auf ein angezündetes Rechaud stellen. Die Feuerzange mit dem Zuckerhut darauflegen. Mit angewärmtem Rum beträufeln und anzünden. So lange flambieren, bis der Zucker geschmolzen und in die Flüssigkeit gelaufen ist.

HUSUM

Theodor Storms Wohnstube

Husum, Theodor Storms „graue Stadt am Meer", steht jedes Frühjahr unter dem Motto „Violett", wenn im Schlosspark ein Meer von Krokussen erblüht. Weiter unten im Hafen, der mitten in die Altstadt hinein führt, bietet die Krabbenkutter-Flotte ein weiteres malerisches Bild.

Ganz in der Nähe liegt das „Storm-Haus" – in der Wasserreihe 31. Das ehemalige Wohnhaus des Dichters ist ein Museum ganz besonderer Art. Von den zwölf Räumen des Hauses muss das mit viel Liebe wieder hergerichtete „Poetenstübchen" besonders erwähnt werden. Hier entstanden über 20 Novellen, darunter auch „Pole Poppen-späler". Mit freundlicher Genehmigung von Dr. Gerd Eversberg, dem Leiter des Literatur-Museums, durften wir uns in Storms Wohnzimmer mit seinen original Biedermeier-Möbeln, Wandbildern und dem Tafelklavier, wel-ches „selten einen Tag unberührt" blieb, aufhalten.

Hier wurde an geselligen Abenden, den sogenannten „Römischen Abenden", Storms „Punschbowle" in einem glasierten, geschwungenen Steingutgefäß kredenzt. Storm liebte süßen Punsch, und Punschgetränke durchzie-hen in verschiedenen Variationen seine Briefe und Novellen.

Der Lieblingspunsch Theodor Storms war ein Getränk, das er „Landvogt" genannt hat.

Es könnte sich dabei um dieses Punschrezept gehandelt haben.

Ehemaliges Wohnhaus von Theodor Storm

Storm-Bowle

Punsch nach Theodor Storm
8 Personen

3 Fl Graves (weißer oder roter Bordeaux-Wein)
1 Fl Madeira
350 ml Arrak
250 g brauner Zucker
1 Tasse Wasser zum Auflösen des Zuckers

Theodor Storm schreibt:
„Alle Zutaten in einem Topf erhitzen. Kalt oder heiß getrunken, schmeckt's am besten, wenn der Punsch wenigstens 8 Tage vorher gemacht und in Flaschen hingelegt ist.

Proficiat!"
(Er möge vollendet sein!
Er möge zustande kommen!)

Punschgefäß aus Theodor Storms Besitz. Dass er dieses Gefäß sehr oft benutzte, sieht man an der Verfärbung. Deckel, Henkel und Sockel sind noch in der Originalfarbe. Das Rotbraune ist die Patina, die durch die vielen Punsche entstand

Heiße Versuchung

Tote Tante

2 Personen

6 Würfelzucker
6 cl Rum
400 ml Kakao
4 EL steif geschlagene Sahne
1 Msp Kakaopulver

Den Zucker in hohe Tassen oder Becher geben. Den angewärmten Rum dazugeben. Mit heißem Kakao aufgießen. Sahnehaube daraufsetzen und mit Kakaopulver bestreuen. Nicht mehr umrühren, sondern den heißen Kakao durch die kühle Sahnehaube mit Strohhalm trinken.

Die Feuerzangenbowle hat viele Verwandte

PUNSCH

Das Wort Punsch (Englisch ausgesprochen: pansch) kommt ursprünglich aus Indien. In der Hindu-Sprache heißt es „Panc", was „fünf" bedeutet.

Die Engländer brachten dieses Wort wie den Tee aus Indien mit. Für den „Punsch" nahm man daher grundsätzlich 5 Zutaten: Arrak, Zucker, Zitronensaft, Wasser oder Tee und Gewürz.

Die Schleswig-Holsteiner richten sich aber nicht nach dieser englischen Doktrin, sondern haben eine Reihe von fantasievollen Punscharten, von denen ich einige Kostproben vorstelle.

Helgoländer Feuer

1 Person

3 cl Rum
30 ml Weißwein
30 ml Wasser
3 Stck Kandiszucker

Kandis in ein feuerfestes Glas geben. Rum erwärmen und dazugeben. Wein erhitzen und dazugießen. Wasser aufkochen, hinzufügen und umrühren.

Hoppel Poppel

2 Personen

4 Eigelb
100 g Zucker
250 ml Rum
geriebene Muskat nach Geschmack
250 ml Schlagsahne

Eigelb, Zucker und Muskat in einem Simmertopf oder Wasserbad cremig schlagen. Den Rum hinzufügen und anschließend die steif geschlagene Sahne vorsichtig drunterheben. In vorgewärmte Gläser füllen.

Leuchtfeuer

4 Personen

350 ml Rum (54 Vol.-%)
350 ml Rotwein
350 ml Wasser
1 Nelke
4 Scheiben Zitrone
4 Würfelzucker

Rotwein, Rum, Wasser und Nelke in einem Topf erhitzen, nicht kochen. Anschließend in feuerfeste, vorgewärmte Gläser gießen. Auf die Oberfläche jeweils eine Scheibe Zitrone legen. Auf die Zitronenscheibe ein mit Rum getränktes Stück Würfelzucker, welches angezündet wird. Ist das Feuer erloschen, wird der Grog getrunken. „Amrumer Leuchtfeuer" ist eine Variante, nur statt Rotwein wird Portwein verwendet. Ansonsten dieselben Zutaten.

Leuchtturm von Helgoland

Leuchtturm von Westerhever

NORDSTRAND

Die Insel Nordstrand wird das Herz der grünen Welt der Halligen genannt und ist mit einem über 4 km langen Damm mit dem Festland verbunden. Und wir befuhren ihn auf unserer Getränkereise!

Hier kann man Meer und Watt erleben, Kirchen, Bauernhöfe, Mühlen und Museen erkunden oder sich in der Geburtsstätte des Pharisäers im „Pharisäer-Hof" von Familie Martens verwöhnen lassen. Heiße, alkoholische Getränke zeichnen sich ja immer durch ihren verführerischen Duft aus. Nicht aber der PHARISÄER, er ist sozusagen eine Mogelpackung, und das kam so:

Vor etwa 100 Jahren bekam Nordstrand den neuen Pastor Bleyer, der das Trinken von Alkohol in seiner Gegenwart nicht duldete. Man wartete also immer, bis der offizielle Teil einer Hochzeits- oder Totenfeier vorbei war und der Pastor gegangen war und sprach dann den harten Getränken eifrig zu. Bei einer Kindstaufe wollte Pastor Bleyer einfach nicht gehen – nur Kaffee war angesagt. Mit furchtbar lustigen Anekdoten versuchte er zu beweisen, dass man auch ohne Alkohol fröhlich sein kann. Aber – keiner lachte. Da wurde es dem Gastgeber zu bunt, und er ließ Rum in den Kaffee mischen. Damit der Pastor nichts roch, wurde auf jede Tasse ein Sahnehäubchen gesetzt. Jetzt wurde es lustig – so lange bis Pastor Bleyer seine Tasse vertauschte, den Betrug bemerkte und drohend rief: IHR PHARISÄER!

Ein neues Getränk war geboren – und getauft!

Pharisäer

4 Personen

500 ml heißer, starker Kaffee
12 EL Rum (angewärmt)
4 gehäufte TL Zucker
200 ml Schlagsahne

Den heißen Kaffee, Rum und Zucker in vorgewärmte Becher gießen. Die Sahne steif schlagen und auf jeden Becher ein Häubchen setzen. Den Kaffee durch die Sahne schlürfen.

Bild links:

Pfarrer Georg Reynders, Alt-Katholische Pfarrgemeinde Schleswig-Holstein, Nordstrand

Die Geschichte des Pharisäers

Es war im Jahre 1872 auf der Insel Nordstrand, da gerieten die Gäste einer Kindstaufe in diesem Hause (damaliger Besitzer war der Bauer Peter Georg Johannsen) in eine arge Bedrängnis: Unter den Festgästen befand sich auch Pastor Bleyer, und der hatte seinen „Schäfchen" jeglichen Alkoholgenuß strengstens untersagt. Das war nicht nur traurig für die Anwesenden; was sollte bloß aus einem Täufling später einmal werden, den man nicht gehörig „begossen" hatte. Bauer Johannsen jedoch wußte Rat: Er ließ starken, heißen, süßen Kaffee brauen. In den kam eine Portion Rum und darauf eine Sahnehaube, damit der Rumduft in der Tasse und Pastor Bleyer (dem selbstverständlich „unpräparierter" Kaffee serviert wurde) konnte nichts von der List ahnen. Es wurde eine sehr schöne, fröhliche und später laute Feierei. Bis durch ein Versehen der Pastor auch eine Tasse Rumkaffee zu trinken bekam. Zuerst entsetzt ob dieses Betruges, dann jedoch bereit den Sündern zu verzeihen, hob er den Finger und rief aus: „Oh, Ihr Pharisäer!"

So bekam ein köstliches Getränk seinen Namen und erfreut sich bis in die heutige Zeit hinein ständig steigender Beliebtheit.

In unserem traditionsreichen Hause wird der Pharisäer, der inzwischen den Ruf des Nordstrander „Nationalgetränks" für sich in Anspruch nehmen kann, nach dem alten Originalrezept zubereitet.

Machen Sie sich die Freude und genießen Sie unseren Pharisäer.

Wir wünschen Ihnen vergnügliche Stunden in unserem Hause.

Hilke und Karl-Addi Martens

Ehemaliger Besitzer Peter-Georg Johannsen

Wirtsleute Martens mit Pfarrer Reynders

PELLWORM

Heute kann man sich kaum vorstellen, dass diese gesamte Inselwelt vor der mörderischen Sturmflut im Mittelalter ein großes Festland war. Die beiden Inseln Pellworm und Nordstrand sind Reste der Insel Strand, die 1634 bei einer weiteren großen Sturmflut zerbrach. Das Pellwormer Marschland liegt einen Meter unter dem Meeresspiegel und wird von einem 8 Meter hohen Deich umgeben und geschützt.

Diese stille Insel liegt abseits von Stress und Hektik, und man wird in der landschaftlichen Schönheit von einer unwiderstehlichen, heilsamen Ruhe erfasst.

Das Wahrzeichen der Insel ist die im Westen gelegene Turmruine der 1000-jährigen „Alten Kirche" St. Salvator. Interessant auch das Insel- und Wattenmuseum. Außerdem befindet sich hier Europas größtes Hybridkraftwerk.

Aus Sonne und Wind wird Strom gewonnen. Die Windenergie wurde schon früher in der Nordermühle zum Kornmahlen genutzt. Zwei Epochen der Energiegewinnung treffen hier also kontrastreich aufeinander. Heute ist diese Mühle aus dem Jahre 1652 ein Gasthof, in dem viele gesellige Zusammenkünfte stattfinden. Es gibt sogar ein Hochzeitszimmer, in dem man sich trauen lassen und anschließend gleich feiern kann.

Bekannt auf der ganzen Insel ist das Getränk MÜHLENFEUER, von der Mühlenwirtin Birgit Thieben selbst entwickelt und von uns sehr empfohlen.

Hybridkraftwerk aus dem Jahre 1992

Mühlenfeuer

4 Personen

150 ml Rotwein (halbtrocken)
300 ml lieblicher Magenbitter
(Wattenläuper)
300 ml Rum
150 ml Portwein
Nelken
Glühweingewürz
1 Zitrone

Nelken und Glühweingewürz
mit etwas Wasser aufkochen
und mit den übrigen Zutaten
vermischen. Einen Tag ziehen
lassen und in Flaschen abfüllen.
4 cl Mühlenfeuer in ein Sektglas
füllen und mit kochendem Wasser auffüllen.
Einen Teelöffel quer über das
Glas legen, darauf eine ganze
Zitronenscheibe mit zwei Stück
Würfelzucker. Mit reinem Alkohol übergießen und kurz vor
dem Servieren anzünden.

Bild links:

Die Trachtengruppe
Pellworm vor
der Nordermühle
aus dem Jahr 1652

LANGENESS/OLAND

Einen faszinierenden Anblick bieten die zehn Halligen, die sich aus dem nordfriesischen Wattenmeer erheben. Was das Meer dem Land entriss, lagerte sich an anderen Stellen wieder ab. Meter für Meter sind daraus die Halligen als kleine Inseln gewachsen. Um Häuser, Menschen und Tiere bei Sturmfluten zu schützen, bauten die Bewohner ihre Häuser auf Erdhügel – die Warften, die sich auf unserem Foto wie in einem „Häusernest" zusammenkuscheln.

Die Hallig Langeneß mit ihren 18 Warften ist die größte nordfriesische Hallig. Ein Ausflug vom Festland zu den Halligen ist beeindruckend. Gastfreundlichkeit wird hier groß geschrieben, darum sollte man unbedingt in eines der alten Gasthäuser einkehren und einen GEELE KÖM-TEEPUNSCH trinken.

Ein typisches Getränk dieser einzigartigen Region im Nationalpark Wattenmeer.

Geele Köm-Teepunsch

6 Personen

1 l frisch gebrühter schwarzer Tee
1 Fl Geele Köm (Kümmel)
Kandiszucker nach Belieben

Kandis in Teetassen geben, bis zur Hälfte mit heißem Tee füllen und nach Geschmack mit Köm auffüllen.

Wintermärchen

*Weinbrand-Kirschwasser-
Milch-Punsch*
2 Personen

4 cl Weinbrand
250 ml Milch
8 EL Schlagsahne
2 TL Honig
1 TL Anis
4 EL Kirschwasser

Weinbrand, Milch, Sahne, Honig
und Anis unter Schlagen mit einem
Schneebesen langsam erhitzen, jedoch nicht kochen lassen. In ein vor-
gewärmtes Punschglas gießen. Kirschlikör vorsichtig am Glasrand ein-
gießen, nicht umrühren. Sofort servieren und heiß trinken.

Bregenklöter

Heißer Bierschaum
4 Personen

4 ganze Eier
1 l Bier
125 g Zucker
1 Prise Zimt
Schale von einer abgeriebenen
Zitrone

Eier und Bier in einen Topf geben und kräftig miteinander
verquirlen. Zucker, Zimt und
Zitronenschale ebenfalls dazutun und zuerst bei kräftiger,
später bei milder Hitze mit dem
Schneebesen bis zum Steigen
erhitzen. Sofort vom Herd nehmen und noch 5 Minuten weiter schlagen. Anschließend in
feuerfeste Gläser füllen.

FÖHR/AMRUM

Bei Niedrigwasser kann man zu Fuß von Föhr nach Amrum gehen – natürlich mit einem Wattführer.
Ein einmaliges Erlebnis!

Ein Katzensprung ist es von Föhr nach Amrum. Wegen ihres Geestkerns und der Dünen wird sie als kleine Schwester Sylts beschrieben. Mit ihrer endlosen, bis zu 1500 Meter breiten Sandbank, die im Laufe der Jahrhunderte an das kleine, nur zehn Kilometer lange Eiland wuchs und namens „Kniepsand" alle Urlauberherzen höher schlagen lässt, hat Amrum viele Dauerfans gewonnen. Die Insel bietet Dünen, viele Bäume und herrliche Rad- und Wanderwege. Nicht zuletzt durch Gastgeber in den Restaurants und Gaststätten, die ich hier nochmals lobend erwähnen möchte, kann man sich hier das ganze Jahr über wohlfühlen. Sie verströmen eine typisch friesische Atmosphäre: nie überschwänglich, aber immer wohltuend herb und herzlich.

Von Amrum nach Föhr ist es nur ein Katzensprung

Föhr ist eine Insel mit typisch friesischem Charakter und vielen alten Reetdachhäusern. Das Hafenstädtchen Wyk ist das Zentrum der Insel und zugleich Seebad mit vielen Annehmlichkeiten. Man kann herrlich bummeln, schlemmen und hat ein kulturelles Freizeitangebot für Groß und Klein. Hier beginnt auch der 15 Kilometer lange Sandstrand.

Ein Ausflug nach Borgsum darf auf keinen Fall fehlen, denn hier befindet sich eine der Hauptsehenswürdigkeiten der Insel, die „Lembecksburg", wahrscheinlich aus dem 9./10. Jh.: ein Ringwall, der schon zur Zeit der Wikinger als Flucht- und Schutzburg gedient hat.

Die Lembecksburg auf Föhr

Pulswärmer

Pulswärmer

2 Personen

2 EL Honig
250 ml heiße Milch
2 Eigelb
2 Eiweiß
4 cl Cognac
1 Prise geriebene Muskat

Das Eiweiß zu Schnee schlagen. Den Honig in der heißen Milch auflösen. Die Eigelbe verquirlen und vorsichtig unterziehen. Die Mischung in vorgewärmte Gläser geben. Den Cognac hinzufügen. Den Eischnee als Haube daraufsetzen. Mit der Muskatnuss bestäuben.

Leuchtturmwärters Aufwärmer

Büsumer Leuchtturm

Schlummertrunk

Eierbier
4 Personen

500 ml Milch
500 ml helles Bier
100 g Zucker
4 Gewürznelken
$1/2$ Zimtstange
4 Eier

Milch, Bier, Zucker, Nelken, Zimtstange und Eier mit einem Schneebesen im Topf verrühren.
Bei mäßiger Hitze schlagen, bis die Masse schaumig ist und leicht anfängt steif zu werden.
Nelken und Zimtstange entfernen und in vorgewärmte Gläser füllen.

Schnee-schmelze

Traubensaft-Punsch
2 Personen

250 ml trockenen Rotwein
250 ml roter Traubensaft
1 Lorbeerblatt
1 Nelke
brauner Kandis

Rotwein und Traubensaft zum Kochen bringen. Lorbeerblatt und Gewürznelke darin ziehen lassen. Punsch nach Geschmack mit Kandis süßen.

Sweet Sherries

Kirschwasser-Punsch
4 Personen

2 El Zucker
$1/4$ l Kirschwasser
$1/4$ l Kirschsaft
1 TL Maraschino
20 Cocktailkirschen

Alle Zutaten, bis auf die Kirschen, in eine Kasserolle geben. Bis kurz vor dem Siedepunkt erhitzen. In vorgewärmte Punschgläser gießen. Kirschen auf Cocktailspieße stecken und in die Gläser stellen.
Mit einem Löffel servieren.

Fisherman's Drink

Whisky-Apfelsaft-Punsch
1 Person

$1/8$ l Apfelsaft
2–3 TL brauner Zucker
1–2 Nelken
$1/2$ Stange Zimt
1 Stück Zitronenschale
5 cl Whisky

Apfelsaft, braunen Zucker, Nelken, Zimt und Zitronenschale in einem Topf bis zum Siedepunkt erhitzen. Den Whisky erwärmen, anschließend in ein Punschglas füllen. Apfelsaft-Gewürzmischung in das Glas seihen. Mit Löffel servieren.

Kap Horner

Schlehen-Punsch, alkoholfrei
6–8 Personen

1 l starker schwarzer Tee
$1/2$ l Schlehensaft
4–6 cl Zitronensaft
100 g Zucker
4–6 TL Sanddornsirup
6–8 Zitronenscheiben

Tee und Schlehensaft in einem Topf mischen und bis kurz vor dem Siedepunkt erhitzen. Mit Zitronensaft und Zucker abschmecken und mit Sanddornsirup verfeinern. In feuerfeste Gläser gießen und in jedes eine Zitronenscheibe legen.

Honig für den Seebären

Milch-Honig-Trunk
1 Person

1 EL Honig
200 ml heiße Milch
1 Eigelb
2 cl Weinbrand oder Rum
1 Prise geriebene Muskatnuss

Den Honig in der heißen Milch auflösen. Das Eigelb schaumig schlagen und unterziehen. In einen vorgewärmten Becher füllen. Mit Weinbrand oder Rum verfeinern und mit geriebener Muskatnuss bestäuben.
Auf diesen Schlaftrunk kann man sich verlassen.

Väterchen Frost

Arrak-Grog
1 Person

2 Tl Kandis
1 cl Zitronensaft
5 cl Arrak

Grogglas erwärmen und einen Löffel hineinstellen, damit das Glas nicht zerspringt. Kandis und Zitronensaft in das Glas geben, darauf Arrak und das kochende Wasser gießen. Gut umrühren und ganz heiß servieren.

Himmel und Hölle

Brennender Teepunsch
4–6 Personen

500 g Zucker
1 Fl Rum
Saft von je 4 Orangen und Zitronen
$^1/_2$ l starker schwarzer Tee

Zucker in den Punschtopf geben. Mit Rum übergießen. Anzünden und so lange brennen lassen, bis der Zucker gebräunt ist. In einem zweiten Topf Tee, Orangen- und Zitronensaft erhitzen. In den Punschtopf geben und umrühren. In Punschgläser füllen und sofort servieren.

LEUCHTTURM-CENTER

Bei unserer Getränkereise erlebten wir in Pönitz an der Ostsee eine Überraschung.
In dem Vorgarten von Waltraud Lübker entdeckten wir die größte Leuchtturmausstellung, die wir je gesehen hatten. Und die größte Überraschung war, dass sie alle von der charmanten älteren Dame hergestellt worden waren. Tausend Exemplare – erzählt sie stolz – alles Nachbildungen berühmter Leuchttürme warten auf Liebhaber, die damit ihren Garten verschönern möchten. Neben Windmühlen ein häufiger Anblick in Vorgärten an der Waterkant. Mit Blinkfüer sind sie natürlich etwas ganz besonderes. Aber ein traditionelles BLINKFÜER tut's ja auch und labt den Magen.

Blinkfüer

Orangen-Punsch
6–8 Personen

2 l Wasser
500 g Zucker
Saft und Schale einer halben Zitrone
Saft von 4 Orangen
1 Fl Rum
1 Fl Rotwein

Wasser, Zucker, Zitronensaft und -schale aufkochen. Danach Orangensaft, Rum und Rotwein hinzutun und nur noch erhitzen.

FLENSBURG

![Flensburger Hafen mit historischen Segelbooten]

Flensburger Rum Regatta

Flensburg, Deutschlands nördlichste Stadt an der Flensburger Förde, wurde als Rum-Metropole bekannt. Die historische Altstadt macht sie zu einer der schönsten Städte Schleswig-Holsteins.

Die Förde gilt als eines der beliebtesten Wassersportreviere der Ostsee. Seit 1980 findet hier jährlich am Wochenende nach Himmelfahrt die traditionelle „Rum Regatta" statt. Eine Armada historischer Segelboote wie Zeesboote, Lüttfischer, Wikingerschiffe oder Haikutter segeln durch die Flensburger Förde. Hier ist Spaß angesagt statt verbissenem Wettkampf. „Lieber heil und zweiter als kaputt und breiter" heißt hier die Parole. Den Hauptgewinn, eine 3-Liter Rumflasche, erhält nicht nur der erste, sondern auch der zweite „Sieger".

Aber auch Nichtsegler kommen hier auf ihre Kosten. Den ganzen Hafen entlang werden interessante alte Handwerke wie das Böttchern, Reepern oder Schnitzen gezeigt und viele lecker ausgestattete Stände und Buden laden zum Schlemmen ein.

Natürlich trinkt man hier nicht nur im Winter, sondern auch im Sommer den berühmten RUM-GROG mit Flensburger Rum.

RUM

Den Rum brachten in früheren Jahrhunderten die Seeleute in unser Land mit. In der Karibik ließ es sich besser musizieren und tanzen nach dem Genuss dieses Zuckerrohrschnapses. Das musste zu Hause auch einmal ausprobiert werden! Echter Jamaika-Rum wird aus Zuckerrohr gemacht, und die findigen Norddeutschen kriegten bald heraus, wie man Rum aus ihren Zuckerrüben macht. Er war besonders beliebt bei Seeleuten. Flensburg war einer der wichtigsten Häfen in Schleswig-Holstein. Also wurde Flensburg bald die Hochburg des Rums in unserem Lande.

So ist es noch heute, und wer durch den Hafen Flensburgs schlendert, stößt immer wieder auf den Rum-Geruch aus Destillen, Kneipen oder Lagerhäusern.

Stille Beobachter

Rum Regatta

Rum-Grog
2 Personen

250 ml Wasser
4 Würfelzucker
8 cl Rum

Wasser aufkochen. Teelöffel in das vorgewärmte Grogglas stellen. Den Zucker hineingeben. Das kochende Wasser ins Glas schütten. Umrühren bis sich der Zucker ganz aufgelöst hat, dann den Rum (möglichst auch etwas temperiert) dazugeben.

FLENSBURG

Böttcher beim Reparieren eines alten Rumfasses aus dem Rum-Museum in Flensburg

GROG-STORY

Vor langer Zeit, es war noch die Ära der Segelschiffe, gab es einen britischen Admiral, der hieß Vernon. Er trug immer Jackets aus einem sehr groben Stoff, den man damals „Groggram" nannte. Seine Matrosen gaben ihm daher den Spitznamen „Old Groggram". Auf seinen Schiffen gab es wöchentliche Rum-Rationen zum Aufwärmen der Crew – von innen. Leider war die Ration schon immer nach zwei Tagen verbraucht, weil die Seeleute den Rum pur tranken. Das ärgerte „Old Groggram", und er befahl, den Rum mit heißem Wasser und Zucker zu verdünnen und künftig immer so zu trinken.

Dies Getränk wurde sehr schnell populär, denn es wärmt sehr schön, schmeckt gut, und das Rezept ist denkbar einfach. Es ist sogar in einem Seemannslied verewigt, wo es heißt: „Wasser kann, Zucker soll, Rum muß".

„Was kann man daran noch verbessern?" sagten sich die Schleswig-Holsteiner, und schufen den EIERGROG. Siehe unter Tönning.

FLENSBURG

Altes Handwerk: Reepschläger, auch Seilmacher genannt. Die Hamburger Reeperbahn war früher die Arbeitsstätte der Reepschläger. Hier wurden die langen Seile gereepert

„Zucker kann, Wasser darf, Rum muß."

Rum-Grog-Variante

4 Personen

3 Zitronen
8 Nelken
8 TL Puderzucker
16 cl Rum
1 Zimtstange
$^3/_4$ l Wasser

Zwei Zitronen auspressen, die dritte Zitrone gut waschen und abreiben. In Scheiben schneiden und die Scheiben mit Nelken bestecken. Den Zitronensaft mit dem Zucker, Rum, der Zimtstange und dem Wasser erhitzen. Kurz bevor es kocht in vorgewärmte Gläser füllen. Mit den Zitronenscheiben dekorieren.

Boßeln

Boßelverein „Achtung" Wesselburen beim 90-jährigen Jubiläum in Süderdeich

BOßELN

Zu den alten Traditionen in Schleswig-Holstein, besonders an der Westküste, gehört das Boßeln. Es war ursprünglich ein Wintervergnügen, denn von Dezember bis Februar hatte man Zeit dazu. Die Gräben waren zugefroren, der Boden fest, und man konnte die Boßelkugel quer durch die schöne, winterliche Landschaft treiben. Dieses Sportgerät ist aus Holz und etwa so groß wie ein Tennisball, aber erheblich schwerer, da sie mit Blei gefüllt ist. Es gibt verschiedene Spielarten des Boßelns. Ursprünglich war es ein Gesellschaftsspiel ähnlich dem Treibball, bei dem ein Mitglied der einen Partei dort abwerfen musste, wo die Kugel der gegnerischen Partei liegen geblieben war. Ein großes Hallo gab es natürlich dann, wenn eine Partei in ein Dorf getrieben wurde, denn das endete unweigerlich in der Dorfkneipe mit dem Verzehr der in Schleswig-Holstein beliebten alkoholischen Getränke. In unserer Zeit hat sich daraus eine Sportart entwickelt, deren Bewegungsablauf dem des Diskuswerfens ähnlich ist, mit Vereinswettkämpfen und Meisterschaften.

Natürlich gibt es auf den zahlreichen Dorffesten viele Mischformen des Boßelns, zum Beispiel das Standboßeln im Sommer und das Feldboßeln im Winter. Hier wird mit großem Ehrgeiz gekämpft, ohne dass am Schluss die typisch schleswig-holsteinischen Getränke verschmäht würden, die uns in diesem Buch beschäftigen.

Boßel-Ballett

„Hierher soll die Boßel fliegen!"

Boßler-Glühwein

Rotwein-Punsch
4 Personen

1 l Rotwein
150 g Zucker
1 Stück Zimt
3 Gewürznelken
Saft und Schale $\frac{1}{2}$ unbehandelten Zitrone

Den Rotwein, Zucker, Zitronensaft, Zimt und die dünn geschälte Zitronenschale erhitzen, aber nicht kochen. Durch ein Sieb gießen und auf vorgewärmte Gläser verteilen. Mit einem Stückchen Zitronensaft garnieren.

Traditioneller Boßelkuchen

Klutstockspringen

Bei Landunter auf der Hallig

Weißwein-Eierpunsch
4–6 Personen

4 Eier
2–4 Eigelb
Schale einer Zitrone
1 Fl Weißwein
125–175 g Zucker

Alle Zutaten in einem großen, hohen Topf miteinander vermischen und mit dem Schneebesen recht schaumig schlagen. Topf auf den Herd stellen und unter ständigem Schlagen bis kurz vor dem Siedepunkt erhitzen. Auf Gläser verteilen und sofort servieren. Mit einem Schuss Weinbrand oder Rum kann man den Eierpunsch noch verstärken.

Klutstock-springer

Fliederbeer-Punsch
4 Personen

500 ml Apfelschnaps
250 ml Flieder-beersaft
2 Tassen TK-Him- oder Erdbeeren
1 TL Zimt

Alle Zutaten in einem Topf erhitzen, nicht kochen. Anschließend in vorgewärmte Gläser füllen.

KLUTSTOCKSPRINGEN

In den Marschgegenden, wo man zwischen den Weiden und Äckern keine Zäune, sondern Gräben hatte, übersprang man diese mit einem Klutstock. Die Schreibweise ist von Gegend zu Gegend verschieden, gemeint ist aber immer ein langer, kräftiger Stock, den man in die Mitte des Grabens stieß, um sich daran festhaltend an das andere Ufer zu springen. Das Ganze ist dem Stabhochsprung sehr ähnlich, nur nicht mit Betonung auf „hoch", sondern auf „weit". Auch diese Fortbewegungsart aus alten Zeiten – besonders verbreitet auf den Halligen – wurde inzwischen zum Volkssport, kostet sehr viel Kraft und macht durstig.

Tausend Gräben zwischen den Warften

Nixengesöff

Apfel-Fliederbeer-Punsch
6 Personen

1 l klarer Apfelsaft
1 l Fliederbeersaft
1 Fl Glühwein
Rum nach Belieben

Alle Zutaten in einen Topf geben, erhitzen und mit Rum abschmecken. Auf vorgewärmte Gläser verteilen.

Frostschutzmittel

Warmbier
4 Personen

1 Fl helles Bier
1 Fl dunkles Bier
3 Eier
250 ml Milch
4 cl Arrak
1 TL Butter
Zucker und Zimt

Helles und dunkles Bier in einem Topf zum Kochen bringen. Die Eier mit der Milch verquirlen und vorsichtig zum Bier gießen. Mit einem Glas Arrak verfeinern. 1 TL Butter hineinrühren und zum Schluss mit Zucker und Zimt abschmecken. In vorgewärmten Tassen, möglichst heiß servieren.

Wollust

Bier-Punsch
4 Personen

4 Scheiben Schwarzbrot
250 ml Wasser
750 ml dunkles Bier
2 Zitronen
Zucker nach Geschmack

Das Schwarzbrot knusprig rösten und auf den Boden einer Punschterrine legen. Mit kochendem Wasser übergießen und eine viertel Stunde ziehen lassen. Mit dem Bier übergießen. Eine Zitrone auspressen, die zweite in Scheiben schneiden. Saft und Zitronenscheiben ebenfalls dazugeben. Wenn alles gut durchgezogen ist, nach Geschmack mit Zucker süßen.

Smutjes Erkältungssaft

Fliederbeer-Grog
2 Personen

300 ml Fliederbeersaft
2 EL frisch gepresster Zitronensaft
1 EL Zucker
4 cl Rum

Fliederbeersaft, Zitronensaft und Zucker erhitzen, Rum untermischen und in hitzebeständige Gläser füllen. Schmeckt auch lecker ohne Alkohol.

Heiße Umarmung

Rotwein-Eierpunsch
4 Personen

750 ml Rotwein
50 g Zucker
8 Eigelb
$1/2$ Pk. Vanillezucker
etwas Zimt
2 Nelken

Die Eigelbe mit dem Zucker unter Rühren erwärmen, einen Schuss kalten Rotwein hinzugeben und mit einem Schneebesen kräftig schlagen. Vanillezucker dazugeben, abseihen und abkühlen lassen. Den Eierschaum mit dem restlichen Rotwein verrühren und im Wasserbad schlagen, bis der Punsch aufsteigt. Sofort in vorgewärmte Gläser füllen.

Figuren aus „Sandworld", Travemünde

SCHLESWIG

Kapitän Horst Mißfeld

Schleswig, eine der ältesten Städte Schleswig-Holsteins, am Ufer der Schlei gelegen, gilt als das Eldorado der Kunstliebhaber. Mit ihrem alles überragenden Dom, dem Schloss Gottorf, dem Johannis-Kloster und der südlich der Altstadt gelegenen Fischersiedlung, dem Holm, hält die Stadt viele Sehenswürdigkeiten bereit. Der Holm wird seit jeher nur von Fischern bewohnt. Dessen Mittelpunkt bildet der Friedhof, um den herum die kleinen, mit viel Liebe gepflegten Häuser aneinander gereiht sind.

Wenn man abends über den Holm geht und durch die Fenster in die kleinen Stübchen schaut, kann man sich lebhaft vorstellen, dass hier bei einem Glas ANGLER MUCK reichlich Seemannsgarn gesponnen wird.

Geht man dann zurück in die Altstadt, Fischbrücke 3, stößt man auf das sehr alte Gebäude des Restaurants „Ringelnatz". Hier wird in einem phantasievollen Ambiente vom Wirt Christian Prokesch der ANGLER MUCK serviert – eine der vielen Geschmacksvariationen des „Grog", der durch den Saft von Zitronen seine spezielle Note bekommt. „Muck" nennt man in dieser Gegend den Krug, in dem dieses Getränk bereitet wird, und der dann am Tisch von Mund zu Mund so lange die Runde macht, bis er leer ist. Aber nicht zu lange, denn der ANGLER MUCK muß heiß getrunken werden!

Es gibt auch einen KALTEN ANGLER MUCK, der wird aus Zitronenbrause und Korn oder Rum zubereitet.

Fischer Jörn Ross vom Holm

Wirt Christian Prokesch schenkt ein in geselliger Runde im „Ringelnatz"

Angler Muck

4–6 Personen

500 ml Rum
500 ml Wasser
Saft von 3 Zitronen
4 EL Zucker

Rum und Wasser erhitzen.
Zitronensaft dazugeben.
Zuletzt den Zucker hinein-
rühren. Entweder im
„Muck" oder in vorge-
wärmten Gläsern servieren.

*Leider nicht mehr in den
Gasthäusern zu finden:
Original Pott für Angler
Muck aus Privatbesitz*

Fischerhaus am Holm

FEHMARN

Luftaufnahme von der Fehmarnsund-Brücke

Fehmarn, eine der schönsten und abwechslungsreichsten Inseln der Ostsee, ist erreichbar über die Fehmarnsund-Brücke, eine fast einen Kilometer lange und zwanzig Meter hohe Brücke, die seit ihrer Fertigstellung im Jahre 1963 zum Wahrzeichen Ostholsteins geworden ist. Sie führt auf der Vogelfluglinie zum Norden der Insel und ihre Straße endet am Fehmarnbelt im Fährhafen Puttgarden – der Anbindung nach Skandinavien. Künstler wie die Maler Ernst Ludwig Kirchner, Erich Heckel und Lyonel Feininger ließen sich von dem Licht dieser Region und den wunderschönen Farben inspirieren und tranken sicherlich in den gemütlichen Kneipen der Insel den einen oder anderen traditionellen DREIFUß.

Dreifuß

4 Personen

1 Fl Rotwein
1 TL gemahlener Zimt
Mark von einer Vanilleschote
125 g Zucker
6 Eigelb

Eigelbe mit etwas kaltem Wein verquirlen.
Restlichen Rotwein zusammen mit dem Zimt,
Vanillemark und dem Zucker kurz aufkochen.
Die Eigelbe vorsichtig in den Wein einrühren.
Heiß servieren.

LÜBECK

Wappen an den Bankwangen

Heißer Bischof

6 Personen

4 Pomeranzen (Bitterorangen)
2 Fl Rotwein (Rotspon)
1 Stange Zimt
1 geröstete Schwarzbrotrinde
Zucker

Die Pomeranzen heiß abwaschen und trockenreiben. Mit einem spitzen Messer einritzen und 30 Minuten in den heißen Backofen legen. Danach noch einmal einritzen und in einen großen Behälter legen. Den Rotwein darübergießen. Den Zimt und die Schwarzbrotrinde hinzufügen. Den Punsch für ein paar Stunden in den warmen Ofen stellen, wobei er sehr heiß werden soll, aber nicht kochen darf. Durch ein Haarsieb gießen und nach Geschmack mit Zucker süßen. Anschließend auf einem Rechaud warm halten.

LÜBECKER ROTSPON

Rotspon ist ein Rotwein aus Lübeck. Erstaunt wird man sich fragen: Rotwein aus Schleswig-Holstein, ist das nicht Seemannsgarn? Nein, nein, im Gegenteil, und damit hat es folgende Bewandtnis: Es handelt sich um Rotwein aus Bordeaux und ähnlichen Anbaugebieten. Schon seit Jahrhunderten importieren die Lübecker Kaufleute diese Weine aus Frankreich, und zwar sehr jung , und ließen sie dann in Lübeck lagern und unter den dortigen klimatischen Bedingungen reifen.

Rotspon ist also nicht der Wein eines speziellen Anbaugebietes, sondern eine spezielle Lübecker Qualität französischen Rotweins.

LÜBECK

![Lübeck, Turmsilhouette der mittelalterlichen Stadt mit Holstentor](image)

Lübeck, Turmsilhouette der mittelalterlichen Stadt mit Holstentor

Lübeck, Königin der Hanse, war im Mittelalter die reichste und bedeutendste Stadt des Ostseeraums. Das wuchtige Holstentor, der Dom und die Marienkirche, das Rathaus mit der Schaufassade, das Buddenbrook-Haus, das Heilig-Geist-Hospital und das „Haus der Schiffergesellschaft" gehören zum Touristen-Pflichtprogramm. Auch die schmalen Bürgerhäuser, in den unterschiedlichsten Farben aufeinander abgestimmt, präsentieren sich wie ein Gemälde.

Hansepunsch

Himbeer-Punsch
1 Person

1 EL frische Himbeeren
2 TL Himbeersirup
5 cl Himbeergeist
1 l kochendes Wasser
1 Zitronenscheibe

Himbeeren in ein Punschglas geben. Himbeersirup und Himbeergeist drübergießen. Mit kochendem Wasser auffüllen und mit der Zitronenscheibe garnieren.

Dämmerschoppen

Orangen-Punsch
4–6 Personen

$1/2$ l starker schwarzer Tee
$1/2$ l Rum
$1/4$ l Orangensirup
$1/8$ l Curacao-Orange
4–6 Orangenscheiben

Tee, Rum, Orangensirup und Curacao in einem Topf bis kurz vor dem Siedepunkt erhitzen. In vorgewärmte Punschgläser füllen. Jedes Glas mit einer Orangenscheibe garnieren

Schiffergesellschaft von innen

Gegenüber der Kirche des Seefahrerpatrons St. Jacob steht das noble Haus der „Schiffergesellschaft" in der Breiten Straße 2, eines der schönsten und bekanntesten mittelalterlichen Gebäude in Lübeck. Seit dem 16. Jahrhundert „giebelgekröntes Amtshaus der Schiffer", dient es heute kulinarischen Zwecken. Allein das historische Ambiente ist ein optischer Genuss, dessen Atmosphäre sich niemand entziehen kann. Die Sitzgelegenheiten der Diele, die sogenannten „Gelage", sind noch original erhaltene Tische und Bänke aus dicken Eichenplanken. An diesen Gelagen saßen damals die Schiffer, eingeteilt nach den Häfen, zu denen sie fahren sollten. Die Bankwangen sind mit den Wappen der verschiedenen Korporationen verziert.

Die langen, urigen Tische und Bänke fördern die Geselligkeit. Hier muss man auf Tuchfühlung zusammenrücken und die täglich wechselnden Spezialitäten genießen. Gereicht werden nicht nur Speisen in der Tradition der früheren Seemannsküche, sondern moderne leichte Kost, Köstlichkeiten der Nachbarländer oder Kostproben der „Holsteinischen Küche".

In der Getränkekarte wird der „Lübecker Rotspon" natürlich auch angeboten, und aus ihm bereitet man hier das traditionelle Getränk, den HEISSEN BISCHOF.

vereister Nord-Ostsee-Kanal

Nigos

4–6 Personen

1 Fl Portwein oder Madeira
150 g Zucker
abgeriebene Schale von einer
Zitrone
$1/2$ TL Zimt
$1/2$ TL Nelkenpulver
1 Prise Muskat

Die Zutaten in einen Topf geben und erhitzen, danach vom Herd nehmen und zugedeckt etwas ziehen lassen. Anschließend in feuerfeste Gläser füllen. Wem das Getränk zu stark ist, kann es mit etwas heißem Wasser verdünnen.

Durchhaltedrink in der Schneewehe

Eierpunsch mit Schuss
2 Personen

2 TL Zucker
4 Eigelb
4 cl Weinbrand
250 ml heiße Milch
1 Prise Muskat

Zucker, Eigelbe und Weinbrand in ein möglichst hohes Glas füllen und gut verquirlen. Mit heißer Milch aufgießen. Mit einer Prise Muskat bestäuben.

Grootvadder drömt

Weißer Glühwein
4 Personen

1 Fl Weißwein
10 Stck Kandiszucker
1 Nelke
4 Orangenscheiben

Wein mit dem Kandis und der Nelke erhitzen, nicht kochen. Nelke entfernen und in vorgewärmte Gläser füllen. Glasrand mit einer Orangenscheibe dekorieren.

Märchenhaft

Mandelkakao, alkoholfrei
1 Personen

10 süße Mandeln
1 Tropfen Bittermandelöl
$1/4$ l Milch
1 EL gesüßtes Kakaopulver

Mandeln überbrühen, abziehen und mahlen. Anschließend in der Milch aufkochen, $1/2$ Stunde ziehen lassen, dabei ab und zu die Milch umrühren, damit sich keine Haut bildet. Bittermandelöl dazugeben und noch einmal erhitzen. In einen Becher seihen und mit dem Kakaopulver vermischen. Gut verquirlen und servieren.

Durchlauferhitzer

Cocktail-Punsch
8 Personen

350 g Zucker
Saft einer Zitrone
1 l Wasser
$1/2$ Fl Whisky
$1/2$ Fl Rum
$1/8$ l Weinbrand
$1/8$ l Portwein

Den Zucker und den Zitronensaft mit dem Wasser in einem Topf bis kurz vor dem Siedepunkt erhitzen und sofort in Punschgläsern servieren. Man sollte diesen Punsch nie auf leeren Magen trinken.

Feuer und Flamme

Rotwein-Birnen-Punsch
2 Personen

4 frische Feigen
300 ml Rotwein
1 EL Zucker
3 cl Birnendicksaft
Saft und Schale einer unbehandelten
Zitrone
4 cl Rum

Feigen waschen und abtrocknen. $\frac{1}{8}$ l
Rotwein mit einem EL Zucker erhitzen,
die Feigen darin 4 Minuten pochieren.
Abkühlen lassen. Den restlichen Rotwein
mit Birnendicksaft, Zitronensaft und
Zitronenschale in einem Topf erhitzen,
aber nicht kochen lassen. Den Rum dazugeben. Sofort in vorgewärmte Grog-
gläser gießen. Die Feigen dazu servieren.

Nikolaus-Stärkung

Adventsbowle

4 Personen

600 ml Rotwein
3 EL Zucker
200 ml Orangensaft
1 Apfel
100 g getrocknete Feigen

50 g ganze, geschälte Mandeln
$\frac{1}{2}$ TL Zimt
$\frac{1}{2}$ TL gemahlene Nelken
8 cl Weinbrand

Rotwein mit Zucker und Orangensaft in einem Topf erhitzen. Apfel entkernen und in Spalten schneiden. Feigen je nach Größe ganz lassen oder halbieren. Apfelspalten, Feigen und Mandeln mit Zimt und Nelken zum Rotwein geben, kurz erhitzen. In ein Bowlegefäß füllen. Vor dem Servieren den Weinbrand hinzufügen.

Jahresausklang

Schnee nicht nur am Kilimandscharo sondern auch auf der Giraffe vor Hagenbecks Tierpark in Hamburg

RUMMELPOTT

Das Lied wird von den Kindern bei einem Umzug von Haus zu Haus in der Vorweihnachtszeit bis Silvester gesungen. Ein Rummelpott ist eine selbst gebastelte Trommel, ein mit einer Ochsenblase überzogener Topf.

Fruken maak de Dör op,
un laat'de Rummelpott in!
Un wenn dat Schipp van Holland kummt,
so hät dat moje winn.

Schipper, wist du wiiken?
Bootsmann wist du striiken?
Sett de Seegel up in de Topp,
un giv mi wat in de Rummelpott!
Hallo, hallo, hallo!

Knecht Ruprechts Erholung

Weihnachtspunsch
4–6 Personen

1 l starker schwarzer Tee
1 Fl Rotwein
Zucker
Saft von 2 Zitronen
Saft von 3 Orangen
300 ml Madeira
300 ml Rum oder Cognac
1 kleine Zimtstange

Den Tee brühen wie immer. Danach Tee und alle anderen Zutaten in einen Topf geben und erhitzen, nicht kochen. In vorgewärmte Gläser füllen. Den restlichen Punsch warm halten.

Silvesterfeuerwerk

4–6 Personen

1 Orange
4 Ananasscheiben
125 ml Ananassaft
Saft von 2 Orangen
$1\frac{1}{2}$ l Rotwein
125 ml Arrak
4 cl Rum (42 Vol.-%)
5 EL Zucker
1 Pk Vanillezucker

Orange mit heißem Wasser abspülen und trockentupfen. Die Schale möglichst dünn, spiralförmig abschälen. Die Orange in dünne Scheiben schneiden. Ananasringe auf einem Sieb abtropfen lassen und anschließend in 1 cm breite Stücke schneiden. Orangenscheiben und Ananasstücke in einen Topf geben. Ananas- und Orangensaft, Rotwein, Arrak und Rum dazu gießen. Zucker und Vanillezucker hineinrühren. Bis kurz vor dem Kochen erhitzen. Die Orangenspirale in eine Punschkaraffe hängen. Den Punsch langsam darübergießen. Heiß servieren. Punsch auf einer Wärmeplatte oder einem Rechaud warm halten.

Biikebrennen

Honig-Punsch
2 Personen

125 ml Wasser
125 ml Honig
2 gestrichene TL Zimt
1 Stck Vanilleschote
6 Nelken
6 Pfefferkörner
$\frac{1}{2}$ geriebene Muskatnuss
250 ml Wodka
abgeriebene Schale einer $\frac{1}{2}$ Zitrone

Wasser und Honig unter Rühren in einem Topf erhitzen. Zimt und Vanilleschote dazugeben. Nelken und Pfefferkörner im Mörser zerstoßen und mit der geriebenen Muskatnuss in die Flüssigkeit geben. 15 Minuten sieden lassen. Wodka dazugeben. Mit der Zitronenschale würzen. Zugedeckt zehn Minuten ziehen lassen. Durch ein Sieb gießen, in vorgewärmte Grog-gläser füllen und servieren.

Jedes Jahr am 21. Februar ist die Westküste ab Einbruch der Dunkelheit malerisch erhellt vom „Biikebrennen".

Für die Bevölkerung der Ortschaften ist dies ein großes gesellschaftliches Ereignis mit langer Tradition. Aber auch viele Sommergäste, die davon gehört haben, reisen zu diesem Ereignis extra wieder an, nicht zuletzt auch wegen der Gaumengenüsse.

Das Biikebrennen war früher ein Abschiedsfeuer für Seeleute, die immer am Petritag, dem 22. Februar, wieder auf die See hinausfuhren. Man sagt aber auch, dass dies ein alter heidnischer Brauch sei, um die bösen Wintergeister zu vertreiben. Heute ist es ein gesellschaftliches Ereignis. Man wärmt sich an den riesigen brennenden Holzhaufen von außen und mit heißen Getränken von innen. Anschließend gibt es in den Restaurants das traditionelle Grünkohlessen. Dazu passt unser Punsch BIIKEBRENNEN, und eigentlich können alle schleswig-holsteinischen Getränke ausprobiert werden. Nur – bitte nicht alle gleichzeitig!

Tanz der Kobolde

Feuerzangenbowle
6–8 Personen

2 Orangen
1 Zitrone
3 Fl Rotwein
4 Nelken

$^1/_2$ Zimtstange
350 ml Rum (54 Vol.-%)
1 Zuckerhut

TIPP

Die Feuerzangenbowle misslingt leider oft. Die beiden Hauptgründe sind folgende: Der Zuckerhut darf nicht von dem Bowledampf nass werden. Also Zuckerhut mit Rum begießen, anzünden und auf die Zange legen. Der zweite Grund ist: Der Rum sollte mindestens 54 % Vol. haben und vor dem Übergießen erhitzt werden.

Eine Orange, eine Zitrone spiralförmig schälen. Saft der Orangen und Zitrone auspressen. Rotwein, Orangen- und Zitronensaft in einen Kupfertopf gießen. Orangen- sowie Zitronenschale, Nelken und Zimtstange hinzufügen. Den Topf auf dem Herd erhitzen, aber nicht kochen lassen, und heiß auf ein Rechaud stellen. Den Rum erwärmen. Quer auf den Topfrand den Zuckerhut in die Feuerzange legen und mit dem warmen Rum beträufeln. Der Zucker sollte völlig rumdurchnäßt sein. Anzünden und falls die Flamme zu früh erlischt, nochmals Rum nachgießen, bis der Zuckerhut geschmolzen ist und brennend in die Bowle tropft. In feuerfeste Gläser füllen.

Aus Oma's Schapp

*Säfte,
Aufgesetzte
und Liköre*

Großmutters

Kalt angesetzter Erdbeersaft

2 kg Erdbeeren
60 g Zitronensäure
2 l Wasser
Zucker
Einmachhilfe

Möglichst reife Erdbeeren säubern, verlesen und mit einer Lösung aus Zitronensäure und Wasser übergießen und 24 Stunden ruhen lassen. Öfter mit einem Holzlöffel umrühren. Danach die Erdbeeren durch ein Tuch gießen. Den Saft abmessen und mit der gleichen Menge Zucker und etwas Einmachhilfe verrühren. Wenn sich der Zucker ganz aufgelöst hat, wird der Saft kalt in Flaschen aufgezogen.

Rhabarbersaft

2,5 kg Rhabarber in Stücken
5 l kochendes Wasser
1 Vanillestange
3 PK Weinsteinsäure
1 PK Salicyl
2 Zitronen in Scheiben
1 kg Zucker

Alle Zutaten bis auf den Zucker mit kochendem Wasser übergießen und acht Tage unter häufigem Rühren Saft ziehen lassen, danach durch ein Sieb gießen. Mit Zucker aufkochen und heiß in Flaschen füllen.

Apfel-Birnensaft mit Grenadine

1,5 kg säuerliche Äpfel
2,5 kg Birnen
400 g Zucker
nach Belieben 125 ml Grenadine

Äpfel und Birnen waschen, Stiele und wurmstichige Stellen entfernen. Früchte grob zerkleinern und mit Zucker und $^3/_4$ l Wasser zugedeckt gut 20 Minuten kochen, danach abkühlen lassen. Mulltuch in einem großen Sieb ausbreiten und auf ein Gefäß setzen. Gemisch hineinfüllen und ablaufen lassen. Nach einer Weile die vier Enden des Tuches zusammenknoten und aufhängen, damit der Saft noch besser abläuft. Saft in einen Topf geben, erhitzen, Grenadine unterrühren und zwei bis drei Minuten kochen. Heiß in saubere Flaschen füllen und sofort verschließen.

Holunderblütensaft

6 l Wasser
10 Dolden Holunderblüten
2 Zitronen in Scheiben
600 g Zucker
20 g Weinsteinsäure
$^1/_2$ Tasse Essig

Fliederblüten mit allen Zutaten in einem Steintopf 24 Stunden ziehen lassen. Anschließend die Flüssigkeit abgießen, aufkochen und heiß in Flaschen füllen.

Holunderblütensirup

8–10 Holunderblütendolden
500 ml Wasser
Saft von 1 Zitrone
300 g Zucker
200 g Traubenzucker

Die frisch geschnittenen Holunderblüten verlesen. Die Blütenstände mit einer Schere abschneiden, in einen Topf geben und in dem Wasser erhitzen. Das Ganze etwa eine Minute lang köcheln lassen, danach den Saft in einen flachen Topf abgießen. Zitronensaft, Zucker und Traubenzucker dazugeben und nochmals aufkochen. Den Sirup nun bei kleiner Hitze auf die Hälfte einkochen lassen und kochend heiß in eine Twist-off-Flasche abfüllen. Gefäß verschließen. Haltbarkeit mindestens 6 Monate.

Omas Fliederbeersaft

2,5 kg Fliederbeeren
1,5 kg Zucker
1 PK Einmachhilfe
Rum und Palmin zum Verschließen

Fliederbeeren abzupfen, waschen und vorsichtig trocken tupfen. Früchte in ein Steingutgefäß geben, mit Zucker und Einmachhilfe gut verrühren. Gefäß möglichst kühl stellen. 21 Tage lang einmal täglich gründlich umrühren. Danach die Früchte gut auspressen und kalt in Flaschen füllen. Auf jede Flasche einen EL Rum füllen und mit flüssigem Palmin luftdicht verschließen. Saft ist sehr konzentriert und kann nach Geschmack mit Wasser verdünnt werden. Der Saft eignet sich besonders gut zum „Fliederbeer-Grog".

Aus Holunderblüten

werden Fliederbeeren

Fliederbeer-Sekt

6 l Wasser
10 große Dolden Fliederbeeren
2 Zitronen
20–40 g Weinsteinsäure
1 Tasse Essig

Fliederbeerdolden abspülen. Wasser in einen großen Topf geben. Dazu die Fliederbeeren, in Scheiben geschnittene Zitrone, Zucker und die Weinsteinsäure. Alles vorsichtig miteinander vermischen und 24 Stunden ziehen lassen. Anschließend einmal aufkochen, durch ein Sieb gießen und die Flüssigkeit noch heiß in Flaschen füllen.

Minz-Likör

Minz-Likör

250 g Kandis
20 g frische Pfefferminzblätter
10 g Korianderkörner
1 Fl Korn (38 Vol.-%)

Die Kandisstücke in eine Flasche mit weitem Hals füllen. Die Minze verlesen, große Stengel entfernen, Blätter waschen, gut trocken tupfen, dann auf den Kandis legen. Den Koriander darüber streuen. Korn dazugießen und verschlossen sechs Wochen bei Zimmertemperatur stehen lassen, bis sich der Kandis aufgelöst hat. Danach gut durchschütteln, filtrieren und abfüllen.

Hagebutten-Likör

500 g Hagebutten
150 g weißer Kandis
1 Fl Kirschwasser (40 Vol.-%)

Hagebutten waschen und abtropfen lassen. Früchte halbieren und etwas zerdrücken. In ein Gefäß füllen. Kandis und Kirschwasser dazugeben. Gefäß verschließen und etwa eine Woche ziehen lassen. Anschließend durch ein Mulltuch gießen und den Likör in große oder mehrere kleine Flaschen füllen. Jeweils ein bis zwei saubere, frische Hagebutten in den Flaschenhals geben. Flaschen verschließen und vier Monate ruhen lassen.

Löwenzahn-Likör

100–150 g voll aufgeblühte
Löwenzahnblüten
4 Zitronen
300 g Zucker
250 ml Wasser
$1^1/_2$ l Korn (38 Vol.-%)

Zwei Zitronen in Scheiben schneiden, zwei Zitronen auspressen. Löwenzahnblüten mit Zitronensaft, Zitronenscheiben und 300 g in $^1/_4$ l Wasser aufgelösten Zucker eine Woche in einem Glasgefäß ansetzen. Danach durch ein Tuch seihen, den Ansatz mit dem Korn vermischen und in Flaschen abfüllen.

Johannisbeer-Likör

1 kg sehr reife schwarze
oder rote Johannisbeeren
125 g Himbeeren
2 Nelken
2 l Weinbrand
500 g Zucker

Johannisbeeren waschen, von den Rispen befreien, ganz leicht zerdrücken und so in ein Steingutgefäß geben. Die Himbeeren verlesen,
nicht waschen, und mit den Nelken darüber verteilen. Mit dem Weinbrand übergießen. Alles ganz vorsichtig umrühren und den Topf fest
mit Folie verschließen. Bei Zimmertemperatur etwa zwei Monate ziehen lassen. Zucker und $1/4$ l Wasser kochen bis sich der Zucker aufgelöst
hat. Abkühlen lassen. Den Likör durch ein Mulltuch gießen und den
Saft der Früchte dabei leicht auspressen. Zuckerlösung untermischen.
Johannisbeer-Likör mit ein paar Beeren zur Dekoration in Flaschen füllen, verschließen und mindestens drei Monate ruhen lassen.

Brombeer-Likör

250 g reife Brombeeren
150 g weißer Kandis
1 Stange Zimt
1 Fl Korn (38 Vol.-%)

Brombeeren verlesen, nur waschen, wenn unbedingt erforderlich. Früchte mit dem Kandis und der Zimtstange in ein passendes Gefäß füllen. Den Korn darübergießen. Behälter gut verschließen. Acht Wochen auf eine sonnige Fensterbank stellen. Danach durch ein Mulltuch filtern und in eine saubere Flasche füllen. Flasche fest verschließen und noch 3–4 Monate liegend ruhen lassen.

Aprikosen-Likör

Aprikosen-Likör

1,5 kg Aprikosen
6 Nelken
1 Zimtstange
250 g Zucker
1 l Weinbrand

Aprikosen waschen, gut trockentupfen und entsteinen. Vier von den Steinen zerklopfen und die Kerne herausnehmen.
Aprikosen, Kerne, Gewürze und Zucker in einen unbeschädigten Steinguttopf schichten. Mit dem Weinbrand übergießen und den Topf gut mit Folie verschließen. Vier bis sechs Wochen durchziehen lassen. Anschließend den Likör durch ein Mulltuch filtern und auf Flaschen oder Flacons füllen.

Schlehen-Gin

500 g reife Schlehen
125 g Kandis
1 Flasche Gin

Schlehen verlesen, waschen und auf Küchenkrepp abtropfen lassen. Sie sollten völlig trocken sein. Schlehen mit dem Kandis in ein Glasgefäß mit weitem Hals füllen und den Gin darüber gießen.
Gefäß verschließen und bei Zimmertemperatur gut sechs Wochen ziehen lassen. Der Kandis sollte sich in dieser Zeit völlig aufgelöst haben. Liköransatz kräftig durchschütteln, durch ein Mulltuch gießen und auf Flaschen füllen. Flaschen gut verschließen und sechs bis acht Wochen ruhen lassen. Zuerst sieht der Schlehen-Gin blaurot aus und später wird er bräunlich. Dadurch leidet die Qualität aber nicht.

Australische Bergakazie mit Bank im Hirschpark in Hamburg. Sie wirft im Herbst ihr Blätterkleid als erste ab

Estragon-Likör

1 l Korn (38–42 Vol.-%)
25 cm langer, frischer Estragonzweig
Brauner Kandis nach Belieben

Den Estragonzweig mit dem
weichen Ende zuerst in eine
Ein-Liter-Flasche Korn stecken.
Flasche verschließen und für
zwei Tage an einen warmen Ort
stellen. Der Ansatz färbt sich
hellgrün. Anschließend den
Estragonzweig wieder heraus-
ziehen. Braunen Kandiszucker
nach eigenem Gefühl in die Flasche geben. Nachdem sich der
Zucker aufgelöst hat, nochmals
durchschütteln. Je länger der
Likör lagert, desto mehr
gewinnt er an Aroma.

Orangen-Likör

1 Orange
40 Stck Kaffeebohnen
40 Stck Würfelzucker
1 Fl Korn (32 Vol.-%)

Die gewaschene und ab-
getrocknete Orange mit
den Kaffeebohnen
spicken und in ein ver-
schließbares Gefäß legen.
Würfelzucker hineinge-
ben und alles mit dem
Korn übergießen.
40 Tage kühl stellen
(nicht im Kühlschrank).
Öfters vorsichtig durch-
schütteln. Anschließend
durch ein Sieb gießen
und den Likör in eine
Flasche füllen.

Kirsch-Likör

200 g Schattenmorellen
200 g weißer Kandis
1 Stange Zimt
1 Nelke
1 Fl Weinbrand

Kirschen waschen und auf Küchen-
papier abtropfen lassen. Stiele abzupfen und einige Kirschen entsteinen. Steine mit dem Hammer zer-
schlagen. Kirschen, Kirschsteine,
Kandis und Gewürze in ein ver-
schließbares Glasgefäß geben. Weinbrand darüber gießen. Gefäß verschließen und vier bis sechs Wochen
ziehen lassen. Den Likör durch ein
Mulltuch oder Kaffeefilter gießen
und in Flaschen abfüllen. Flaschen
verschließen und vier Monate ruhen
lassen.

Eiercognac nach Großmutters Art

10 Eigelb
200 g Puderzucker
250 ml Schlagsahne
500 ml Cognac

Die Eigelbe mit dem Puderzucker in einer Metall-
schüssel verrühren, dann langsam die Sahne einlaufen lassen und unterrühren. Die Schüssel in ein mäßig
warmes Wasserbad stellen und die Mischung so lange
rühren, bis sie dickcremig geworden ist. Die Schüssel
in ein Eiswasserbad stellen und die Grundmischung
so lange weiter rühren, bis sie ganz abgekühlt ist. Die
Schüssel aus dem Wasserbad nehmen, den Cognac in
einem dünnen Strahl einlaufen lassen und unterrühren. Der Likör ist nun ganz schaumig. Nach und
nach in vorbereitete Flaschen oder Karaffen füllen.
Dabei immer warten, bis sich der Schaum gesetzt hat,
dann Likör nachgießen, bis die Flasche ganz voll ist.
Den Likör zwei Tage lang reifen lassen, dann kann er
genossen werden. Den Likör kühl und dunkel aufbe-
wahren. Wenn die Flaschen angebrochen sind, sollte
er rasch verbraucht werden. Vor dem Servieren immer erst schütteln und umrühren.

Estragon-Likör

KATERKILLER

Kopfschmerz-wegmacher und Seelentröster

Haarbüdelrehabilitationsrezepte

KATER

Ein „Kater" ist ein starkes Unwohlsein nach etwas zuviel Alkohol am Vorabend. Obwohl diese Folgen allgemein bekannt sind, kommt der Zustand doch immer wieder vor!

In der Euphorie des Genusses wird er wohl verdrängt oder billigend in Kauf genommen. Genau weiß ich es auch nicht. Trotz des jämmerlichen Zustandes behalten viele dabei ihren Humor und haben im Laufe der Zeit eine Reihe von witzigen Bezeichnungen für diesen Zustand erfunden. Bekannt sind ja im Hochdeutschen Katzenjammer, Brand, Taifun, Kater und Brummschädel. Ich meine aber, dass das Plattdeutsche wie so oft witzigere Bezeichnungen hervorgebracht hat: Haarbüdel, dicken Kopp, Knastpiepen, Timmerlüd in Kopp, schweren Dassel und „He is ni ganz alleen".

Meine „Katerkiller" können hier helfen. Wobei jeder ausprobieren muss, was zu ihm passt. Als Zugabe empfehle ich ein „Durchlüften" bei einem langen Spaziergang an der Waterkant.

„Auch der grimmigste Kater stirbt doch am sauren Hering",
sagt ein altes norddeutsches Sprichwort

Sorgenbrecher

Tomaten-Grapefruit-Saft
2 Personen

500 ml Tomatensaft
Saft von 1 Grapefruit
2 Spritzer Worcestersauce
2 Spritzer Tabasco
schwarzer Pfeffer aus der Mühle

Tomatensaft mit dem Grapefruitsaft mischen. Mit Worcestersauce und Tabasco würzen. Frischen Pfeffer darübermahlen und sofort servieren.

Orkanpfütze

Nach einer feucht-fröhlichen Nacht eine Tasse schwarzen Kaffee mit etwas frisch gepresstem Zitronensaft und einem Teelöffel Honig trinken! Diese Mischung schmeckt zwar nicht besonders gut, hilft aber wunderbar gegen einen Kater.

Reuetrunk

*Rote Bete-
Buttermilch*
2 Personen

150 g Rote Bete aus dem
Glas
1 kleine Zwiebel
1 TL geriebener
Meerrettich
1 EL Zitronensaft
250 ml Buttermilch
Salz, Pfeffer

Zwiebel pellen und fein
würfeln. Rote Bete zu-
sammen mit den Zwiebel-
würfeln, Meerrettich und
Zitronensaft in einem Mi-
xer gut durchmixen.
Anschließend Buttermilch
dazugeben und alles
nochmals auf kleinster
Stufe mixen. Mit Salz und
Pfeffer abschmecken und
in Gläser füllen.
Gut gekühlt trinken.

TIPP

Prärieauster, ein typischer „Katerkiller". Er senkt zwar nicht den
Alkoholspiegel, beruhigt aber ganz sicher die Magenwände. Den Drink im-
mer mit einem Schluck hinunterkippen.
Auf keinen Fall die Zutaten verrühren.
Außerdem sollte man immer mit einem Glas Wasser nachspülen.

Prärieauster

1 Person

2 TL Worcestersauce
1 Eigelb
2 TL Tomatenketchup
Salz
schwarzer Pfeffer aus der Mühle
Edelsüßpaprika
2 Spritzer Zitronensaft
2 Spritzer Olivenöl
1 Glas frisches Wasser

Worcestersauce in eine Sektschale ge-
ben. Eigelb hineingleiten lassen. Ket-
chup zugeben. Mit Salz, Pfeffer und
Paprika bestäuben. Zitronensaft und
Olivenöl darübergießen und servieren.
Mit Wasser nachspülen.

Bloody Mary

1 Person

250 ml Tomatensaft
1 Stange Bleich-
sellerie
1 Knoblauchzehe
1 EL Tamari (Sesampaste)
$1/2$ TL geriebener Meerrettich
Saft von
$1/2$ – 1 Zitrone
1 Msp Cayennepfeffer

Alle Zutaten in den Mixer
geben und gut durch-
mixen.
Sofort trinken.

Maße, Gewichte und Abkürzungen

l	=	Liter	
ml	=	Milliliter	
kg	=	Kilogramm	
g	=	Gramm	
TK	=	Tiefkühlkost	
EL	=	Esslöffel	
TL	=	Teelöffel	
125 ml	=	$^1/_8$ l	
250 ml	=	$^1/_4$ l	
500 ml	=	$^1/_2$ l	
750 ml	=	$^3/_4$ l	
1000 ml	=	1 l	
1 dl	=	100 ml	
1 cl	=	10 ml	= 10 g
5 ml	=	1 TL	
15 ml	=	1 EL	
Msp	=	Messerspitze	
1 Bl	=	Barlöffel (TL)	
Dash	=	Spritzer	= 3 Tropfen
1 Fl	=	1 Flasche mit 0,7 l Inhalt	

Mit Tee ist immer schwarzer Tee gemeint.

Wenn Früchteschalen angegeben werden, sind immer Schalen von ungespritzten Früchten gemeint.

Kleine Sprachlehre

Bangbüx	= Angsthase		seut	= süß
bregenklöterich	= verwirrt		snacken	= unterhalten
schwerer Dassel	= Dicker Kopf		smöken	= rauchen
Fisematenten machen	= Umstände machen		Slikkermuul	= Naschkatze
rundumto	= ringsherum		Bax	= Ohrfeige
Büdel	= Beutel		lütt	= klein
Buttje	= kleiner Junge		Appel	= Apfel
Büx	= Hose		mok mol Foftein	= mach mal Pause
Deern	= Mädchen		Achtern Diek	= hinterm Deich
Döntje	= lustige Erzählung		drömt	= träumt
eten	= essen		Timmerlüüd	= Zimmerleute
Fruunslüüd	= Frauen		alleen	= allein
Pütt	= Topf		foftein	= fünfzehn
Buddel	= Flasche		Schapp	= Schrank
Wat löppt	= was läuft		Poppentrecker	= Korkenzieher
nix	= nichts		nüksch	= launisch
Köm	= Kümmel		muulfuul	= mundfaul
Blinkfüer	= Leuchtfeuer		Lüüd	= Leute
dröge	= trocken		krüüsch	= wählerisch
Hein vertellt	= Hein erzählt		Köök	= Küche
Tüünkraam	= Unsinn		Klookschieter	= Besserwisser
trüch	= zurück		Klönsnack	= Plauderei
Treckfiedel	= Ziehharmonika		utklamüstern	= ausdenken
Tokieker	= Zuschauer		högen	= freuen
töven	= warten		quadderich	= brummig
Tiet	= Zeit		Schietbüdel	= Liebling
Tähnpien	= Zahnschmerzen		Kapeister	= Überschlag
suutsche	= langsam			

Register

R

S

T

V

W

Z

ÜBER DIE AUTORIN

Marion Kiesewetter wurde dem größeren Publikum als Köchin durch die Fernseh-Sendungen BI UNS TO HUS, NDR und SONNTAGSKONZERT, ZDF bekannt. Alles begann aber mit dem Krabbenbuch, dem Herings-, Pfannen- und schließlich Suppenbuch, also mit Kochbüchern, die der täglichen Praxis einer begeisterten Feinschmeckerin und Hobbyköchin entstammen.

Wer Marion Kiesewetters temperamentvolle Plaudereien in Rundfunksendungen und Zeitungsinterviews verfolgt, in dem entsteht der untrügliche Eindruck, dass sie all diese Eigenschaften intensiv und täglich neu auslebt. In jungen Jahren als Schauspielerin viel herumgekommen, studierte sie so nebenher die Küchen der verschiedenen Regionen Europas, bekochte dann jahrelang ihre Familie und Gäste und wurde schließlich beim Bewirten eines Filmteams in Schleswig-Holstein entdeckt.

Hier legt sie nun ein Getränkebuch für Norddeutsche und deren Gäste vor, das es in Form, Umfang und Vielseitigkeit bisher nicht gab.

„Trinken heißt auch Geselligkeit! Das zu illustrieren, war mein zweites Anliegen neben dem Publizieren der leckeren Rezepte", sagt die Autorin.

DER FOTOGRAF

Rudolf Alert, seit mehr als 40 Jahren Fotojournalist mit Leib und Seele. Seine Reportagen für „Bild" und „Bild am Sonntag" führten ihn rund um die Welt. Er fotografierte Stars und Sternchen, Mode von Rom bis Paris, Olympische Spiele seit Tokio, Fußballweltmeisterschaften genau so wie kriegerische Auseinandersetzungen. Auch die Autorin Marion Kiesewetter hatte er schon, als sie mit Freddy Quinn auf der Bühne stand, „vor seiner Linse".

Jetzt ist er im „Unruhestand", wie er es nennt, und legt seine Kamera partout nicht aus der Hand: Ein Beweis seier künstlerischen Unruhe ist dieses Buch, das er zusammen mit Marion Kiesewetter allen durstigen Lesern präsentiert.

Wir danken:

Caroline Kiesewetter ⋆ Kathrin Kiesewetter ⋆ Helga und Wulf Hoffmann ⋆ Gert Schlufter ⋆ Doris Walther ⋆ Team Kräuterhaus Mayer ⋆ Katrin Ewald ⋆ Peter Wirsing ⋆ Frauke Sattler ⋆ Gisela Alert ⋆ Angelika Boshammer ⋆ Malte Keller ⋆ Frank Gehrke ⋆ Doris Brauer und Rüdiger Grassi ⋆ Bernd Harms ⋆ Beate Rosenberg ⋆ Dr. Gerd Eversberg ⋆ Katharina Lindemann ⋆ Hilke und Karl-Addi Martens ⋆ Pfarrer Georg Reynders ⋆ Annegret Ewers ⋆ Trachtengruppe Pellworm ⋆ Birgit Thieben ⋆ Fam. Ambras ⋆ Frank Clausen ⋆ Rita Braun ⋆ Helga Bötel ⋆ Annegret Grotmack ⋆ Hans-Werner Broderius ⋆ Christian Prokesch ⋆ Jörn Ross ⋆ Ilse und Horst Mißfeld ⋆ Barbara Foster ⋆ Norbert Boley ⋆ Verband der Züchter des Holsteiner Pferdes ⋆ Herbert Blöcker ⋆ Peter Luther ⋆ Dirk Schröder ⋆ Thomas Voss ⋆ Andreas Ripke ⋆ Carl-Christian Rahlf ⋆ Tricia 0'Connor ⋆ Christoph von Bethmann-Hollweg ⋆ Dietrich Lindenau ⋆ Reit und Fahrverein Gettorf-Eckernförde ⋆ Kirsten-Inga Renzihausen ⋆ Gabriele Mohrmann-Pochhammer ⋆ Dr. Boris Pawlowski ⋆ Maren und Klaus-Peter Grimm ⋆ Team Himbeerhof Steinwehr ⋆ Wolfgang Steffen ⋆ Elke Meyn ⋆ Willy Thode ⋆ Klaus Meister ⋆ Süderdeicher Boßelverein ⋆ Boßelverein „Achtung" Wesselburen ⋆ Thies Nothdurft ⋆ Dierk Reimers ⋆ Andreè Busse ⋆ Kerstin Wemhöner ⋆ Carsten Rohwer ⋆ Maren Bock ⋆ Ehepaar Hans-Jürgen Diehl ⋆ Ehepaar Helmut Raddatz ⋆ Angela Sommer ⋆ Fa. Mittelstraß und Partner ⋆ Christof Puttfarken ⋆ Horst v. Rothmar ⋆ Marlis ⋆ Reinhard und Lars Golly ⋆ Daniela Liebig ⋆ Ilse ⋆ Hans-Joachim und Jan-Ruven Pagel ⋆ Heiner Bald ⋆ Waltraud Lübker ⋆ Karin Scherbarth ⋆ Doris ⋆ Willi ⋆ Martin und Mathias Gehrke ⋆ Höbke Meier ⋆ Kathrin Eggers ⋆ Annegret von Hjelmcrone ⋆ Böttcherei Messerschmidt ⋆ Nordsalling Rebsläeri Dänemark ⋆ Steen Franch ⋆ Hanne Mogensen ⋆ Uschi Heide ⋆ Ringreiterverein Wöhrden ⋆ Alina Dappert ⋆ Jan-Hendrik Oppermann ⋆ Markus Kirchner ⋆ FVB Langeneß ⋆ FVB Nordstrand ⋆ KV Pellworm ⋆ KV Föhr ⋆ FVV Brunsbüttel ⋆ TI Glückstadt ⋆ KV Helgoland ⋆ FVV Marne ⋆ FVV Meldorf ⋆ FVB Wesselburen ⋆ KV Eckernförde ⋆ TI Flensburg ⋆ TI Kiel ⋆ TI Schleswig ⋆ TI Burg auf Fehmarn ⋆ KV Grömitz ⋆ Info-Zentrum Lübeck ⋆ KV Travemünde ⋆ KV List/Sylt ⋆ KV Rantum/Sylt ⋆ KV Sylt/Ost ⋆ KV Wenningstedt/Sylt ⋆ TI Westerland/Sylt ⋆ Tanja Zsugs mit Tochter Indra ⋆ Nadine Lankeshofer ⋆ Annika Hansen ⋆ Wencke Schmökel ⋆ Hans-Hermann Ohm ⋆ Frauke Seider ⋆ Gesa Tiedgen ⋆ Frank Pick ⋆ Michael Peters ⋆ Gisela Sönken

ISBN 3-8042-1117-8

© 2003 Westholsteinische Verlagsanstalt
Boyens GmbH & Co. KG, Heide
Autorin: Marion Kiesewetter
Redaktion: Marion Kiesewetter
Getränkenamen und -schreibweise: Marion Kiesewetter
Fotos und Umschlagentwurf: Rudolf Alert
Styling: Annegret Grotmack
Karte: Horst-Dieter Landeck
Gestaltung und Layout: Dörte Kromrei
Herstellung: Verlag Boyens & Co., Heide
Alle Rechte vorbehalten
Druck: Boyens Offset, Heide
Printed in Germany